Cuadernos del Acantilado, 81
PEQUEÑOS PARAÍSOS

MARIO SATZ

PEQUEÑOS PARAÍSOS

EL ESPÍRITU DE LOS JARDINES

BARCELONA 2017 ACANTILADO

Publicado por
ACANTILADO
Quaderns Crema, S.A.

Muntaner, 462 - 08006 Barcelona
Tel. 934 144 906 - Fax. 934 636 956
correo@acantilado.es
www.acantilado.es

En la cubierta, *Hojas nuevas* (1915),
de Hayami Gyoshu

ISBN: 978-84-16748-45-7
DEPÓSITO LEGAL: B. 9803-2017

AIGUADEVIDRE *Gráfica*
QUADERNS CREMA *Composición*
ROMANYÀ-VALLS *Impresión y encuadernación*

SEGUNDA REIMPRESIÓN *diciembre de 2018*
PRIMERA EDICIÓN *junio de 2017*

CONTENIDO

El goce de la vida debería basarse en la concepción del universo como un jardín.

ZHENG BANQIAO (siglo XVIII)

EL PARAÍSO, SÍMBOLO Y UTOPÍA

Desde distintos lugares y culturas de la Tierra han llegado hasta nosotros imágenes del Paraíso, deseos cristalizados, sueños de vergeles continuos o islas de paz. De creer al arquitecto catalán Rubió i Tudurí,[1] nuestra humana ansiedad paradisiaca sería la nostalgia por una época geológica llamada Plioceno en la que el clima era siempre primaveral, la alimentación vegetariana abundante y nuestros antepasados antropoides pocos y pacíficos. Ansiedad que las posteriores glaciaciones y cambios drásticos que modificaron la faz del planeta contribuyeron a acentuar, definir e, incluso, colorear hasta transformar el recuerdo en mito. De esta idea a pensar que todo paraíso *es un Paraíso perdido* no hay más que un paso. Y, sin embargo, un autor tan importante como Jakob Böhme (siglo XVII), místico cristiano y zapatero de profesión, opinaba que «el Pa-

[1] *Del Paraíso al jardín latino*, Barcelona, Tusquets, 1981.

raíso está todavía en la Tierra pero los seres humanos ya no saben verlo».

Confundido, a veces, con la Edad de Oro, y por ello situado *atrás en el tiempo*, con los siglos la imagen del Paraíso se proyectó, por influencia del mesianismo bíblico, *hacia delante*, transformándose en un valle de maravillas en el que reposan los muertos o en un huerto en el que aguardan las huríes, aunque también en simples jardines de paz que con su gentil vegetación protegen al hombre del peor de los corrosivos que conoce: el tiempo. Eso y más ha soñado nuestra especie, a tal punto que aun viviendo los seres humanos en lugares fértiles y abundantes, al menos una parte de éstos ha sido sacralizada para cumplir con la recurrencia simbólica del más bello sueño que se pueda tener, el del Jardín de las Delicias. Para el historiador de las religiones Mircea Eliade la nostalgia del Paraíso revela «el deseo de encontrarse siempre y sin esfuerzo en el corazón del mundo, [...] de superar la condición humana y recobrar la condición divina».[2] Se trata de un concepto, el del huerto sagrado, cuya in-

[2] M. Eliade, *Tratado de historia de las religiones*, trad. de A. Medinaveitia, Madrid, Cristiandad, 1974.

dudable nobleza proviene de la misma palabra original que lo nombra: *paradesha* es, en efecto, una arcaica y prestigiosa expresión que nos revela, en sánscrito y luego en persa, un 'lugar elevado', una 'región suprema'. De ahí que el núcleo central del mito del Paraíso—como el Carmelo de san Juan de la Cruz—encierre para nosotros el proyecto de un placer que, aunque es propio de los sentidos, al mismo tiempo los trasciende.

Rodando las diversas geografías y países, la voz sánscrita, tras pasar como decimos por el persa, apareció en la Biblia como *pardés* tras ser descrito como *gan eden*, 'huerto o jardín delicioso'. Del *pardés* hebreo procede, entonces, el *paradiso* latino que tan luminosamente y en su versión sublime describió Dante en su *Divina comedia*. En el siglo XVIII serán los jardines botánicos, enriquecidos por las especies llegadas a Europa del Nuevo Mundo y Oriente o bien al revés, llevadas de aquí para allá en un intento de reproducir en todas partes, mediante cotos cerrados y arbóreos, la felicidad de la huella paradisiaca. El que este recuerdo mítico, este florido y agradable símbolo, haya persistido a través del tiempo en la mente de los poetas y filósofos indica algo muy profundo ligado en parte a una posible beatitud como también a una suerte de realización espiritual cuya característica básica fuese el *disfrute de lo mejor del mundo*. Fuera del Paraíso hay dolor, muerte, guerra, hambre; dentro del Paraíso, placer, vida, paz, saciedad y ante todo armonía. No obstante, en los jardines botánicos no se come ni se pasea por ellos desnudo, pero sí se etiquetan los árboles con sus nombres propios para que—como el mismísimo Adán—el visitante los nombre por primera vez. No es ni puede ser casual que Linneo, el genial botánico responsable de la mayoría de nuestras taxonomías o clasificaciones, haya sido llamado «el segundo Adán».

Que el Paraíso encierra una imagen botánica antes que zoológica lo prueba la serena libertad con que vemos crecer y desarrollarse el mundo de las plantas ligado, empero, por las raíces al suelo en el que arraiga. Libertad para tomar sombra a su vera, para servirnos de sus frutos y de su madera. Por el contrario, el mundo animal es más imprevisible, arisco e inquieto. Arbóreo en su estructura, el sistema nervioso es en nosotros un eco de esa vegetalidad, y quizá por eso nos tranquilizan tanto los bosques, jardines y arboledas. Protegen y aquietan, perfuman y adentran al hombre en sí mismo, en tanto que los animales lo sacan de sí, en la caza, la fábula o la crianza. Para muchos estudiosos la planta del Paraíso, es decir, su diseño básico, sería circular, en tanto que otros lo ven cuadrado, compartiendo unos y otros la idea de su fertilidad, abundancia de agua y clima regular. En nuestra tradición, la judeocristiana, se mencionan dos árboles importantes en el Paraíso: *el Árbol del Bien y del Mal* y *el Árbol de la Vida*. Mientras que, según veremos, para esa misma tradición el Árbol de la Vida sería la palmera, por su forma y potencial hermafroditismo, para la cultura persa, por ejemplo, ese árbol sería el *alborj* o albaricoquero, en tanto que para los chinos el arquetipo del Árbol de la Vida sería el melocotonero, cuyos frutos tardan siglos en crecer y conceden, a quienes los prueban, una suerte de longevidad feliz.

Existan uno o dos árboles prodigiosos en el Paraíso, *su ubicación será siempre axial*, como bien señala Eliade. Axial quiere decir que la posición del Paraíso constituye un centro, un nódulo de gracia, lo que significa que desde su interior todo equidista de todo y el cielo está tan cerca de la tierra que las estrellas se pueden tocar, frutos de una luz grácil y benéfica. Entre los persas la imagen paradisiaca pasó a las alfombras y los tapetes, los cuales suelen representar el huerto cuadrangular y con una fuente o un ser mágico en el centro: pavo real, águila o ciervo. Los chinos, en cambio, prefieren ubicar su Paraíso o jardín delicioso en una isla (presumiblemente ubicada en el Pacífico), una isla de extraordinaria belleza y difícil acceso. En el mundo hebreo, y por extensión en el cristiano, el Jardín del Paraíso es el lugar en el que mora Dios—su casa natural, por decirlo de algún modo—, creencia que se apoya en el famoso pasaje de Ezequiel 28, 13, en el que se lee: «Habitabas en el Edén, en el jardín de Dios»,[3] razón por la cual, en la Edad Media, ese arquetipo se trasladará al interior del claustro gótico, que contendrá, para el monje que medita en él, las delicias de la comunión floral o vegetal con el Creador. Pero aquello que es libre por dentro, aquello que es delicia y frescura, aparece

[3] La frase de Ezequiel citada dice: «Habitabas en el Edén, en el jardín de Dios», «*be-eden gan elohim haita*». Siendo, y desde el punto de visa numérico, la expresión *be-eden*, 'en el Edén', equivalente numérico de la voz *najón*, 'cierto, verdadero', ¿por qué dudar de su existencia? Tomemos, pues, cada certeza, cada intuición paradisiaca, como un vislumbre de la felicidad posible.

con frecuencia cerrado, herméticamente tapiado por fuera, rodeado de murallas muchas veces altísimas, de donde podemos inferir que sus secretos deben guardarse y protegerse con el fin de no agotar ni extinguir sus virtudes. El Paraíso es, al parecer, cosa de pocos. La dificultad de acceder a él está en relación directa con los fantásticos bienes que encierra su perímetro.

Los secretos que guardan tales espacios sublimes, como las maravillas que encierran los más bellos y dispares jardines del mundo, no son, empero, realidades meramente materiales, pues no hay en tales sitios, como en las minas, diamantes, oro y plata (aunque sí puedan haberlos en las tapias que los ciñen). Únicamente se observan en ellos manifestaciones de la vida en todo su esplendor, armonía entre las especies, una danza ecológica abriéndose y prosperando en una eterna y variada primavera. Si pudiéramos imaginar por un momento sus árboles cargados de pájaros multicolores, veríamos que, como menciona el salmo, siempre están verdes y sus hojas no caducan (de hecho *caducar* sería un verbo inoperante en el Paraíso); y si acaso soñáramos con sus animales, éstos convivirían allí en paz con nuestra especie. O por lo menos la crueldad no sería, en ese espacio acotado y sublime, más que una consecuencia inevitable del hambre y no una agresión constante que promueve una ilimitada destrucción.

Probablemente también cabría en él poca gente, pues hay quien dice—no sin ironía—que Caín, el primer hijo de la primera pareja, fue el verdadero causante de la expulsión, y que por ello todo estado paradisiaco es, en realidad, *un etéreo y sublime momento de amor exclusivo para parejas*. La relación entre *la pareja* o *las parejas* y el Paraíso volverá a plantearse en la historia del Diluvio y la construcción del Arca de Noé, momento que para muchos supone una segunda Creación. Más que singular, bello y persistente, ese nexo entre el amor y el Paraíso reaparecerá en Occidente con la descripción de los famosos jardines galantes, en el centro de los cuales un determinado *locus amoenus*—lugar ameno con su agua, flores y perfumes—propicia el afecto entre el hombre y la mujer, quienes intentan una y otra vez recrear el momento previo a la Caída. Así es como lo vemos descrito en el famoso *Roman de la Rose*, de la Francia del siglo XIII, y en *De amore*, de Andreas Capellanus, de la misma época. Doscientos años más tarde serán los jardines del Renacimiento los que tengan las veleidades y ambiciones paradisiacas. Creados y diseñados como extensión del mismo sueño de recuperación natural y espontánea, pretenderán ser refugio ideal contra los males de la cultura, cauterio verde a los a veces irremediables y nocivos efectos de la civilización. Trátese o no de una amable expresión de nostalgia, de una añoranza del vientre materno, como insinúan los psicólogos, o del claustro religioso que abarca el silencio de Dios entre sus piedras, lo cierto es que no renunciaremos jamás, como individuos y como especie, a imitar en nuestros hermosos jardines o huertos floridos—pequeños paraísos—las condiciones de aquéllos lejanos, sublimes y casi siempre inhallables.

EL JARDÍN GRIEGO

En Grecia y luego en Roma, la antigua sacralidad de los bosques era un tributo a lo pródigo de sus sombras. Así lo atestigua, al menos, la mitología. Cuando Baucis y Filemón, pobre pareja de Frigia, dan cobijo a Zeus y a Hermes—que recorrían el agreste paisaje disfrazados de peregrinos y a quienes nadie había querido recibir entre los ásperos frigios—, sientan el precedente del amor de los griegos por sus escasas arboledas. Enojados por ese rechazo, los dioses enviaron entonces un diluvio a todo el país, pero respetaron la cabaña de los ancianos hospitalarios, la cual, con el tiempo y la leyenda, acabó convirtiéndose en templo. Y como Filemón y Baucis habían pedido terminar juntos sus días, Zeus y Hermes los metamorfosearon en árboles. Juego de luces y de sombras, misterio y belleza de las formas, la metamorfosis es el alma de la poética griega al mismo tiempo que la proyección cultural de un paisaje tan magro, pétreo y escueto que, para adornar la sencillez de su relieve, la calcárea temperatura de sus veranos mediterráneos, inventa por boca de los hombres juegos de máscaras infinitos con el fin de revelar coherencias secretas y justificar parentescos y dinastías. También Dafne, la hermosa ninfa cuyo nombre significa 'laurel', a punto de ser alcanzada por el ardiente Apolo, quien prendado de su belleza la perseguía, acabará por convertirse en árbol para escapar del abrazo solar, un árbol que además de refugio de palomas y solaz de los amantes cedía sus hojas a la pitia, quien las mascaba antes de proferir oráculos. Con el laurel, toda Grecia entra en trance.

Su astringencia siempre verde coronará por partida triple al sabio, al poderoso y al poeta. Correosas, sus hojas, en forma de punta de lanza, son heroicas ante el frío y el calor. Dioicos, sólo los árboles femeninos llevan bayas. Macho, el de la inmortalidad y la gloria, más alto y esbelto que la hembra, crece con soltura en los barrancos y busca la proximidad de las fuentes para iluminar su verdor. Figura inmortal, se sitúa en los límites del jardín griego, junto al algarrobo, el almendro y el olivo, constituyendo con ellos el modelo ideal de jardín filosófico. Más abajo, entre las piedras, innúmeras, se hallan las flores, pero los griegos estarán tan entusiasmados con la figura humana que no hay casi ninguna de ellas que no oculte una ninfa, una heroína o una hermosa adolescente, y aprenderán a apreciarlas mucho más tarde en su historia.

Pasará mucho tiempo hasta que las puedan ver como son, y aún más hasta que suban y trepen, tras haberlo hecho por las clámides de las hetairas, por el manto de María Theotokos, la madre del dios crucificado. Más acostumbrado al mar que a la tierra, hijo de las islas, el griego se entregó a la movilidad antes que al reposo. Fue navegante y mercader antes que apicultor, expresó primero la dinámica poesía de la *Odisea* y después la límpida reflexión filosófica de la Academia platónica. Por eso su antropología no parte de un jardín, como en caso del Gan Eden bíblico, trasunto sin duda del oasis. Prometeo es un ladrón de fuego, y Pirra y Deucalión arrojan tras de sí las piedras de las que crecerán los seres humanos. De modo que fuego y piedra, ardor y sequedad en los orígenes, y alrededor un agua azul y sonriente que se engolfa en bahías oníricas en las que la calima veraniega desova mitos y cánticos. Una piedra y un fuego presentes aún hoy, despobladas en parte las colinas y los montes de sus frondas habituales por excesos de civilización, mermados sus encinares y madroños, sus mirtos, brezos y espinos aún abiertos a la errante lluvia.

Tal vez por eso el jardín griego complementará su escasez, su relieve como garriga con jardines mitológicos que tanto tienen de huerto cultivado. En su *Odisea* Homero describe con cálida precisión a Ogigia, isla del Mediterráneo occidental en medio de la cual, en una cueva rodeada de alisos, álamos y cipreses, vive la ninfa Calipso, guardiana de una viña de racimos maduros. Cuatro fuentes de aguas claras—como los cuatro ríos del Paraíso bíblico—fluyen muy juntas y dejan manar, a partir de allí, en varias direcciones, sus sinuosas corrientes. No muy lejos de la entrada de la cueva crece el hinojo y se extienden, en enero y febrero, los prados de violetas y anémonas. Modelo de todo jardín ulterior, la cueva de Calipso posee, al menos, dos elementos arquetípicos: por un lado su nombre significa 'la que oculta o protege'—pues acogió a Ulises náufrago—, y por otro están sus criadas, también ellas ninfas, que hilan mientras cantan entre redes de hiedras y tapices de hierba. Gráciles aunque un poco distantes, Calipso y sus compañeras desconocen la premura y mucho más la angustia. Cuando los griegos de la generación de Sócrates y de Platón, y más tarde los discípulos peripatéticos de Aristóteles, busquen la sombra arbolada del Liceo, invocarán la compañía incomparable de las musas en memoria de aquella Calipso que poseyó, allá en su isla, todo bien terrestre, amó a un pirata griego y le permitió reposar entre siete y diez años de las fatigas de sus viajes.

Adán y Eva deben dejar ese *locus magnificus* en el que Dios les colmó de gracia la desnudez; su expulsión es el comienzo de la humanidad; su multiplicidad, la nuestra. El gozo fue breve pero inolvidable. Así también Ulises deberá partir de los brazos de Calipso—duende, musa, espíritu ligero—para retornar a los de la mujer-esposa, Penélope, madre de su hijo y tejedora de ropas humanas. El hombre bíblico sale de la naturaleza para entrar en la cultura; el hombre griego, forjado entre islas, imagina una de ellas para retornar de la cultura—naufragio constante—a la naturaleza, siquiera por el tiempo que demande su deteriorada salud. Para Ulises la aventura de vivir y explorar está jalonada de esos momentos verdes; en Esqueria, otra isla, esta vez de los feacios, el viajero será recibido por el rey Alcínoo, cuyo palacio está rodeado de un magnífico vergel en el que se mezclan las especies comestibles con las que agradan a los dioses. Es allí donde Ulises, que ha convivido ya con Calipso, comprende *que el hombre peregrina en pos de un jardín que deberá abandonar*, porque la belleza y su mejor instrumento, la contemplación, son demasiado pasivos para quienes—como él—adoran la acción.

Esa autosuficiencia, esa especie de fanfarronería viril que tan bien define al genio griego, será más tarde y por otros motivos la de los estoicos, colmo del pensar urbano e histórico. En efecto, mientras Platón aún venera (aunque no demasiado) a los poetas y reconoce la naturaleza inspiradora de las musas,[1] Zenón, el fundador de la Stoa, se declara enemigo de los pavos reales y critica a los ruiseñores, guardianes avícolas del jardín griego: «El sabio no deja sitio para tales objetos en la ciudad». Su discípulo Crisipo irá todavía más lejos; enseñará que el jardín es, junto a sus fuentes, hiedras y rosales trepadores, «una pérdida de tiempo» para quien se dedique

[1] Louis Hautecoeur, *Les jardins des dieux et des hommes*, París, Hachette, 1959.

a pensar. Por el contrario, Epicuro, como Platón y Aristóteles—quienes, aunque urbanos, responden a ciertos apegos y tradiciones—, creerá que todo tiempo perdido puede ser recuperado, diálogo mediante, en la calma del jardín. Lo notable es que sigue pulsando la cuerda invisible de la sombra, latiendo el ámbito protector de un refugio en el seno de una geografía calcinada que, entre marzo y septiembre, bajo soles de justicia y ciclos sin nubes que las cigarras celebran mientras beben savia conífera, puede llegar a ser irrespirable. De hecho la Stoa, el pórtico bajo el cual se reúnen los estoicos, es una especie de bosque de columnas geométrico bajo cuya frescura la mente de los pensadores se tensa apelando silogismos y parábolas, en tanto que, no demasiado lejos de ese espacio y en otro tiempo, ante un bosque de plátanos que bien pudiera ser un templo de irregulares columnas vegetales, Platón hace decir a Sócrates en el *Fedro*:

Hermoso rincón, con este plátano tan frondoso y elevado. Y no puede ser más agradable la altura y la sombra de este sauzgatillo, que, como además está en plena flor, seguro que es de él este perfume que inunda el ambiente. Bajo el plátano mana también una fuente deliciosa, de fresquísima agua, como me lo están atestiguando los pies.[2]

Sócrates no olvida mencionar, tampoco, esa clara melodía del verano que halla su eco en el coro de las cigarras, ni tampoco la hierba que, en pendiente, permite acostarse sobre ella para ensoñar el mundo y así metamorfosear, con la imaginación, sus variables y constantes.

¿Es ése el jardín de Academo, rodeado por un muro protector y en cuyo interior estaban los doce olivos sagrados dedicados a Atenea? En tal caso la fuente a la que Sócrates alude sería la que instaló allí—en ese espacio reseco, como casi todo el Ática—. Cimón, plantando a su alrededor los álamos y las encinas que describirá con gracia, más tarde, Aristófanes. En el jardín de la Academia había, además, un gimnasio en el que se ejercitaban los efebos y al que los miembros del Consejo solían pasar revista. Los jardines platónicos y aristotélicos son aún sitios de metamorfosis, lugares en los cuales los adolescentes se tornan hombres para servir al

[2] Platón, *Fedro*, en *Diálogos III*, trad. de E. Lledó, Madrid, Gredos, 1988.

Estado, a la polis; sitios de ejercicios preolímpicos y, por tanto, plataformas para su posterior encaje social.

Casi doscientos años más tarde, el individualismo griego—ya desmitificado—encarnará en la figura de Epicuro, nacido en Samos en el siglo IV a. C. y para quien si los dioses existen con toda probabilidad están más allá de cualquier preocupación humana. Motivo por el cual, dice el filósofo, conviene que el hombre se cultive a sí mismo, que *devenga su propio jardín*, y, en su perímetro de amables frutales y sencillas hortalizas, aprenda a gozar de los placeres cotidianos sin esperar más recompensa que la vida simple y sin complicaciones.

De ese modo tan singular y revelador acaba o, mejor deberíamos decir, llega a su síntesis aquel ideal anatómico griego de una figura—la humana—que se basta a sí misma, desgajada de la pared egipcia o limpia ya del zoomorfismo de la esfinge nilótica. En Epicuro, la desnudez de la estatuaria clásica se convierte en desnudez a secas, y eso en un clima que ciertamente la propiciaba, bajo una luz tan limpia que permitió a sus observadores descubrir la geometría como precedente de la arquitectura. Una luz de ideas para las más grandes ideas que de la luz ha conocido el mundo. Epicuro es y representa, desde su aparición en el horizonte ático, una mezcla de irreverencia metafísica y de sentido común. Tanto que, si despojáramos a los héroes epónimos, a los semidioses y a los poetas, a los comediantes de sus máscaras y al mismo Platón de su desmesurada ambición estética, quedaría el Epicuro de todos ellos sentado a la sombra de un olivo una tarde de primavera, de primavera temprana, admirando en silencio los asfódelos, sus llamas de rosa pálido contra un cielo que pronto se tragará la noche. Ajeno al temor de la muerte, ajeno al fúnebre discurrir de las corrientes elíseas.

Aquello que había visto Ulises en la isla de Calipso, y más tarde junto al palacio de Alcínoo, un espacio de verde delectación, no sufrirá en Epicuro más postergaciones. *No será un sitio de paso sino un jardín en el cual instalarse.* Cuando en el mundo romano, siglos más tarde, Lucrecio tome el relevo de su maestro, los dioses estarán ya lejos de ser lo que eran y los poetas mascarán, antes que el laurel de la gloria, el acebo del exilio; pero el hombre común que Epicuro esbozó, y cuyos límites y parabienes el helenismo tardío quiso difundir por el entonces mundo conocido, constituirá ya un hecho consumado. La medida de lo específicamente humano.

Hoy, para nosotros, el jardín griego, ese espacio sagrado que buscaron los románticos alemanes e ingleses, es ante todo un trozo de paisaje que goza de sol casi todo el año, que tiene en sus retamas y romeros, en sus tomillos y margaritas, en sus amapolas y lentiscos, cierto grado de serenidad. Una belleza que Heráclito atribuía al clima scco, el mejor para el alma, según el filósofo del fuego, y al que si se le lleva agua en abundancia rinde con gusto sus frutos naturales y humanos. El *ketos* en el que uno puede devenir *kepurós* o jardinero de sí mismo no requiere, en realidad, ni demasiado espacio ni mucho tiempo. Al imaginar el tamaño de su jardín ideal Epicuro lo soñó autosuficiente para ser libre, libre para ser sano, sano para ser hermoso, hermoso para ser humano y único porque cada uno de nosotros lo es. Al reducir, también, la ansiedad que crea la hipotética distancia entre el punto de partida y el de llegada, Epicuro el jardinero, Epicuro el filósofo, tornó vanos todos los deseos de conquista y exploración ulisíacos. Médico de almas, como Pitágoras, creía que el número era la vertebración de la imagen, y que la armonía entre la criatura y la Creación consistía en una simple cuestión de escala musical. En un descubrimiento de lo esencial: sal, olivas, pan y amigos.

Aunque dijo que el sabio huye de las miserias del mundo, que nada ambiciona sino mirar a la naturaleza para vivir feliz, instalado en el placer, tenía en el horizonte una higuera, algarrobos, miel, un mediodía de espejos que se pierden en el mar disueltos por la fragancia circular de la brisa.

EL JARDÍN PERSA

La ciudad de Ishpahán o Isfahán está situada ligeramente al oriente de Teherán. Se encuentra a orillas de un río y está situada a mil cuatrocientos metros sobre el nivel del mar. Una elevación ideal para el cultivo del pistacho, las cerezas, los almendros y las nueces lisas. Entre sus puentes más pintorescos está el de los treinta y dos arcos, del siglo XVI, y el Khaju, del siglo XVII, que tiene dos pisos y ambos con arcadas. Entre los principales productos de la ciudad están, cómo no, las alfombras y los tapetes, las telas de algodón pintadas a mano y los objetos de plata repujada.

Uno de los hechos más tormentosos de su historia es el que perpetró el guerrero tártaro Tamerlán, que saqueó la ciudad y asesinó a setenta mil de sus habitantes, con cuyos cráneos construyó, según se dice, una pirámide para horrorizar a los demás. Existen, dentro de su perímetro, doscientas mezquitas, mausoleos, veinticinco madrasas o escuelas coránicas, y numerosos palacios. Su población actual ronda el millón y medio de habitantes, repartidos en una extensa geografía urbana de casas bajas cuya estructura básica es de adobe. En cuanto al clima, sus inviernos son muy fríos y sus veranos, calurosos. Destacan sus parques y jardines, por lo general adyacentes a los edificios públicos. De hecho, casi todos los jardines occidentales proceden del jardín persa original.

Entre todas las civilizaciones del Próximo y del Medio Oriente, la persa hizo una destacable contribución al arte del cultivo, la perfumería y el desarrollo de frutales de secano. El jardín persa más antiguo que se conoce, y del que sólo quedan ruinas, responde a una estructura cuadrangular que parece estar en correspondencia con los cuatro elementos de la cosmología: fuego, aire, agua y tierra. Dentro de ese cuadrilátero, cuyas medidas varían según sea el espacio sobre el que se asiente el jardín, florecen cuatro cuadrantes o parcelas ligados y a la vez separados entre sí por dos ejes transversales, ejes que señalan los cuatro puntos cardinales. Este tipo de jardín lleva aún hoy el nombre de *chahar bagh*, denominación de origen mongol que significa 'jardín cuádruple'.

El jardín árabe, de corte persa, es el más extendido en el mundo, y su área de influencia corresponde a la del islam, que se inició como cultura en el siglo VII y predomina aún hoy, aunque en decadencia, en un arco gigantesco que va de Marruecos a Indonesia. Uno de los primeros países en verse inmersos en la ola islámica fue la vieja Persia, que abarcaba lo que hoy es Irán, Irak y parte de Turkestán. Con la llegada de los mongoles en el siglo XIII todo fue devastado, destruido, incluyendo los antiguos y eficaces sistemas de riego, por lo que el desierto recobró sus antiguos dominios de dunas, páramos y vientos despiadados. Pero los pueblos conquistados acabaron imponiendo a los conquistadores sus costumbres y símbolos.

En pocos años los califas hicieron construir jardines cuadrangulares que eran, a la vez que cotos privados de caza, sitios de solaz y divertimento para sus cortesanos, amantes y familiares. Paralelamente a la división cuaternaria, se abrían cuatro regueros de agua que remedaban los cuatro ríos del Paraíso bíblico. En esos jardines crecían toda clases de frutas y flores al alcance de la mano y se alzaban enormes jaulas de madera de teca con pájaros exóticos que alegraban con sus cantos las fiestas galantes de la primavera. Los amos de tales lugares, salvo excepciones, no solían caminar por ellos, sino que se hacían llevar en literas hasta los pabellones de reposo o *chabutra*, donde se solían consagrar al ensueño o la meditación acompañados por músicos y poetas.

Las flores más comunes que cultivaron los persas fueron los narcisos, los tulipanes, las lilas, los jazmines trepadores, las violetas, los lirios y claveles, las parietarias, primaveras, anémonas, ciclámenes, amapolas, malvarrosas y *fritillarias*. Pero entre todas estas variedades predominaban las rosas, de las que los persas han creado numerosas variedades y a las que veneran como las reinas de las flores. Su floración se celebraba, en mayo, con grandes fiestas abiertas al pueblo, a semejanza de lo que ocurría, por la misma época, en Japón con los cerezos o *sakura*.

Desde el siglo XV al XVIII, bajo las dinastías timurí y safawí, los miniaturistas persas, en las leyendas que solían pintar sobre placas de hueso o de marfil, se complacieron en describir cómo era la vida en esos jardines, cuán largos eran sus estanques y qué frutos rendían en cada estación. Mientras el jazmín tenía una connotación fraterna y aludía al amor entre los hermanos de fe, el cultivo de la rosa representaba el difícil proceso de la evolución humana que iba del espinoso tallo de la vida profana a la sagrada apertura de los pétalos perfumados. Ishpahán ha conservado unos jardines bastante más sencillos que los arriba evocados, como los de Alí Qapu, Meydan, Chehel Sotún, y algunos patios de mezquitas como la Masjid-i-Jami dc Herat. Una de las características más notables de esos jardines profanos son los pabellones de altos postes de madera de cedro, desde los cuales se contempla el jardín por todas sus caras, construcciones que hoy nos recordarían los miradores para incendios de nuestros bosques mediterráneos.

Los poetas persas destacaron en los juegos de palabras y fueron los primeros en establecer una analogía entre los ríos de la sangre y las venas de las rosas, las envolturas del corazón y la disposición de los pétalos de esa flor. Celebraban, los persas, sus fiestas al azahar del naranjo y a la flor del melocotón. Inventaron el azulejo empleado en las albercas o fuentes para mitigar la furia seca de los desiertos; encerraron al viento en el *ney* o flauta de los sufíes, y, al hacerlo, tornaron audible su suplicio o su alegría en melodías solitarias e inmortales. Adoraron el albaricoque, el higo y las uvas pasas. Pero sobre todas las flores cantaron a la rosa y al jazmín, ese minúsculo regalo blanco del reino botánico cuyo perfume entibia los párpados y refresca el aliento. Existió incluso una sociedad, llamada Los Amigos del Jazmín, cuyos miembros compartían altos secretos relativos al espectro del tiempo, sus despliegues, pérdidas y reencuentros. Lo cuenta Henry Corbin en uno de sus libros sobre el sufismo persa.

Si la fragancia del jazmín es más intensa de noche o al amanecer—momento en el que trabajan los creadores de esencias y los perfumistas deambulan como abejas ebrias junto a las matas—, también es cierto que su vida floral es de una fragilidad extrema: la menor brisa desprende las flores, que ruedan por tierra como lúnulas decapitadas que exhalaran su último suspiro con un mohín de pétalos tímidos. Hay ciudades como Málaga, Córdoba o Sevilla en las que el humor de sus habitantes depende a tal punto de estas flores que ningún suceso humano es lo suficientemente trágico como para mermar la alegre fragancia de la vida que esa flor comunica a quienes conviven con ella. Quizá por esa razón, hace siglos, los poetas persas reflexionaban: «La desesperación [*yas*] es un error o una mentira [*min*]». Quienes lo cultivan, lo huelen o simplemente contemplan atentos se creen alejados de la desgracia al menos durante unas horas, minutos o instantes. Cuando se tiene la dicha de permanecer un rato junto a ese prodigio de la familia de las oleáceas (*Jasminum officinale*), y es ese momento en que las estrellas abren en el cielo sus corolas de luz parpadeante, paralelo y meridiano se desanudan ante nuestra presencia y el mundo, suelto, se yergue por encima de la cartografía con el orgullo cándido de las vírgenes.

Si *la desesperación es un error, la serenidad es un acierto.* Pero pasar de un estado al otro puede llevar años cuando se ignora lo que, en su lengua de etérea dulzura, dicen los jazmines. Dado que el persa *min* también puede interpretarse como 'mentira, ilusión', el nombre de la flor indicaría, además, que entregarse a la desesperación es tomar la parte por el todo, la consecuencia por la causa, cosa que no vale demasiado la pena, pues aquello que un suspiro logró remediar—preferiblemente entre jazmines—era, en realidad, menos transcendente de lo que imaginábamos. Aunque no todas nuestras desgracias se resuelvan con aromas, algunas gracias naturales las atenúan y dignifican. Esa pentámera criatura de los balcones y jardines andaluces así lo confirma.

LOS JARDINES COLGANTES DE BABILONIA

La antigua ciudad de Babilonia es inseparable del mito de la Torre de Babel y la confusión de lenguas. Babilonia aparece mencionada en Génesis 11, 9 y Babel abunda en Macabeos 6, 4 y Macabeos 8, 20. La palabra alude, en ambos casos, a la ciudad y a la torre, la 'puerta' (*bab*) de los 'dioses' (*ilu*), lo que nos da una idea de la importancia social que tenía y del número de sus templos. Sus habitantes también la llamaban Ka-dingir, Babi-dingir y Tintir, pero el nombre con que ha sobrevivido es Babilonia, sinónimo de prepotencia y aglomeración.

Heródoto la menciona del siguiente modo: construida en el interior de un gran muro, triple y espeso. Si se exceptúan algunas partes de los templos, el resto de la construcción era de ladrillos de adobe, pues la proximidad de la cuenca de los ríos Tigris y Éufrates proveía el barro y las cañas necesarias para ese tipo de albañilería. Los templos de Babilonia eran imponentes y profusos, en especial el de Esagila y el de Bel-merodach. Los edificios principales tenían forma piramidal y, según Heródoto, algunos de ellos, los famosos zigurats—palabra que significa 'la torre donde reposan las estrellas'—, estaban pintados de diferentes colores, cada nivel o piso se relacionaba con un planeta y poseía un simbolismo peculiar y exclusivo.

El período de oro de la cultura babilónica tuvo lugar entre los siglos VII y VI a.C., época que coincide con el exilio de los hebreos a ese lugar tras la destrucción de Jerusalén. Que era una urbe enorme para sus días, con sus cuotas de confusión y presión demográfica, lo denota el hecho de que para los profetas Babel era una deformación del verbo bíblico *lebalbel*, 'confundir, mezclar, desordenar'. En ella se cruzaban esclavos arrastrados por las guerras interminables de la región, prostitutas sagradas que oficiaban en el principal de los zigurats o torres astronómicas, vendedores ambulantes y sacerdotes barbudos. El mundo antiguo giraba en torno a la irradiación cosmológica de esta ciudad, que cedió a Persia e incluso a Grecia, por no hablar de la Biblia, sus nociones astrológicas y por ende míticas. Curiosamente, entre sus ruinas han aparecido dos símbolos que han llegado a tener un destino contrapuesto en nuestra propia historia: la cruz y la esvástica. Erigida cerca de los embarcaderos del río, Babilonia se sentía protegida por el agua y por sus muros, pero, al parecer, su desmedido crecimiento fue el motivo de que fuera tachada de inhumana, dura y, sobre todo, insolidaria.

Para el Apocalipsis bíblico, Babilonia—que en los días en que se escribió ya no existía—representa todo lo que es corrupto, cruel y despiadado; sin embargo, los cristianos aluden a Roma, a la que ven como una segunda sede de idolatrías y perversiones. Ante sus ojos es todo lo contrario de la Jerusalén celestial que san Agustín definirá como *civitas Dei*. Si en Babilonia hay opacidad, en Jerusalén el aire es transparente. Si en la primera no hay piedad con los pobres, la segunda se caracteriza y caracterizará por su compasión y sentido de la solidaridad. En poco menos de mil años Babilonia pasa de ser una ciudad real a orillas de un río a transformarse en el lugar en el que confluyen todas las iniquidades humanas.

Pero lo cierto es que esa ciudad no sólo fue el calvario de los esclavos y un horror de polvo y sequedad al borde de los desiertos asiáticos, también albergó los jardines colgantes, una de las maravillas más singulares del mundo clásico. El historiador griego Ctesias de Cnido atribuye a la reina Semíramis la creación de tales verdes y umbríos espacios de recreo, alimentados por la primera bomba hidráulica de la historia. Los griegos que conocieron los jardines los llamaron *kremastos*, que significa 'suspendidos', mientras que para los romanos—que los conocieron por las fuentes griegas—serían *pensilis*.

La reina auténtica se llamaba Sammuramat, era asiria y vivió entre los siglos IX y X antes de nuestra era. Fue esposa del rey Shamshi-Adad V. En la época de Nabucodonosor, conquistador de Jerusalén, los jardines colgantes habían decaído tanto que el monarca se propuso—tras sus campañas militares y para seducir y alegrar a su mujer, Amitis, originaria de Media—reformarlos, agrandarlos y embellecerlos imitando así la tendencia amorosa que subyace en la búsqueda inconsciente de todo *locus amoenus*, es decir, el deseo de recrear el Paraíso. En los días de Semíramis, que regentó el país en nombre de su hijo Adad-nirari, llegando, con sus ejércitos y sus embajadores, hasta la India, sus jardines y plantas estaban consagrados a Ishtar (forma de la diosa Venus).

El mito más famoso que concierne a esa diosa—de la que deriva la palabra *estrella* así como el nombre propio Esther—cuenta que descendió a los infiernos para buscar a Tammuz, su amante asesinado, con el fin de rescatarlo y traerlo a la luz del día de regreso con ella. Los orígenes del mito se pierden en lo impreciso, pero en los días de la reina Semíramis simplemente se evocaba la historia en un punto determinado de los jardines colgantes, al comienzo de la primavera, cuando todo «vuelve» a florecer. A diferencia del mito órfico, en el cual el héroe desciende para rescatar a Eurídice del Hades o Infierno, en el relato babilónico es Tammuz—herido de muerte por un jabalí—quien vuelve a la vida por la pasión de una diosa. Así no resulta sorprendente que jardines tan prestigiosos sean lugar de reencuentro de unos amantes a quienes la crueldad de la extinción separó por un tiempo.

Atenta a esa historia, se cuenta que Semíramis compró en la India semillas de ranúnculos amarillos (*Adonis vernalis*) para sembrar en la parte más alta de las terrazas cuyo follaje asombraba el aire de los desiertos. Sabiendo que el cálido sol de marzo despertaría flores de igual color, y alertada por sus botánicos de que las semillas de esa planta aceleraban el pulso, la reina las comía el día consagrado por el ritual con el fin de sentir en su propio corazón el retorno de Tammuz al seno ansioso de Ishtar. Tales son las simetrías que el amor propone a quienes buscan extender sus dominios.

Quizá no por casualidad, san Jerónimo identificó a Tammuz con el Adonis fenicio, ya que una simple planta conservaba entonces, y aún hoy, el nombre de este último: florece en marzo, semeja un pequeño sol y sus hojas, pestañas. Para entonces, en pleno siglo v de nuestra era, en el área del Mediterráneo oriental, Semíramis había pasado de ser una reina romántica a convertirse en una mujer fatal, capaz de llevar a sus amantes a los balcones poblados de enredaderas, hiedras y rosales con el fin de sorberles el seso y agotar sus fuerzas. Confundiendo los restos de los zigurats o templos de siete pisos consagrados a Marduk con la Torre de Babel de infausta fama, eruditos y polígrafos cristianos moralizaron la sequedad y el deterioro de los citados jardines atribuyéndolos a la maldad babilónica tal y como es mencionada en el Apocalipsis según san Juan.

Lejos quedaban los esforzados días de las tierras fértiles acarreadas durante semanas con el fin de articular setos sobre un humus de buena calidad; distantes las caravanas procedentes de Oriente con cargamentos de bulbos fragantes; la selección de los lotos egipcios y los acuáticos jacintos de Harappa; la poda y el cuidado del cerezo acarpo—sin fruto—y la cosecha de nueces lisas como cabezas de ancianos. Semíramis, a diferencia de Eva, quien comió el higo del conocimiento del bien y del mal y fue expulsada, por ello, del Edén, gustaba de todo fruto que probaran sus labios y, cuando no eran de sus tierras, hacía traer el árbol desde donde fuera necesario para aclimatarlo a sus terrazas. De este modo, gradualmente, llegaron a los jardines colgantes[1] la mandarina (*Citrus reticulata*), las castañas acuáticas o *pi-tsi* (*Eleocharis tuberosa*) de China; la ciruela translúcida de Armenia y el cardamomo de las islas. En la mente de la reina, y después en la de la esposa de Nabucodonosor, cada espacio verde era minuciosamente amado y protegido por un oasis de privilegio en medio de las candentes arenas y las piedras rojizas de Mitanni, entre Acadia y Sumeria.

Minuciosas, las tablillas de arcilla daban cuenta de las especies cultivadas, clasificadas según su utilidad—plantas horizontales las de los hombres, verticales las de los dioses; frutos densos

[1] Sophie de Serdakowska, *Les Jardins suspendus de Sémiramis*, Bruselas, Librairie Encyclopédique, 1965.

los humanos, tenues los de las divinidades—.[2] Se decía que la luna amaba tanto esos jardines que en su momento de mayor esplendor visual hacía llover especialmente sobre ellos, consagrando así los favores de lo que hoy, sin duda, calificaríamos de microclima. Además de los miembros de la familia real, los sacerdotes y jardineros al cuidado de tanta belleza, en la época de la celebración del reencuentro de Ishtar con Tammuz parte de la población podía ascender hasta cierto nivel y contemplar desde allí los huertos circundantes, la Gran Puerta, el perfil ligeramente ceniciento de la muralla exterior de la ciudad y, sobre todo, la intrincada y semioculta red de canales que regaba las plantas superiores.

Como un primitivo y didáctico jardín botánico, las especies que crecían en los jardines colgantes tenían a sus pies placas de piedra o cerámica que especificaban sus nombres, que jamás eran propios (Semíramis guardaba para sí ese secreto), sino que aludían a sus virtudes y poderes. Así, frente a un arbusto enano podía leerse: «Inductor del Sueño Amable», o «Lavande-

[2] Marcel Detienne, *Jardines de Adonis*, trad. de José Carlos Bermejo Barrera, Madrid, Akal, 1983.

ra del Vientre», o «Abridor de Hambres», o bien, y si se trataba de un alucinógeno, «Escalera hacia las Estrellas». Claro que los visitantes no podían tocar ni recoger ninguna hoja caída, pero incluso frente a esa prohibición el goce y placer que sentían al visitar los jardines eran emociones tan poderosas que no les importaba la ley que los excluía de su uso, pues se entregaban con la misma facilidad a viajar por los nombres de las flores y los frutos que a perderse en la discontinuidad de los aromas. Diodoro Sículo, historiador que vivió en el siglo I a. C., anota en su *Biblioteca histórica*:

Cada lado del parque tenía una extensión de cuatro pletros; su acceso era en talud, como el de una colina, y las edificaciones se sucedían unas a otras ininterrumpidamente, de modo que el aspecto era de un teatro. Las terrazas fueron hechas de modo que bajo cada una de ellas quedasen pasadizos de fábrica, que soportaban todo el peso del jardín y se iban levantando en el escalonamiento, elevándose poco a poco los unos sobre los otros de un modo paulatino e ininterrumpido.[3]

[3] Trad. de J. Lens, citado en José María Blánquez, «Babilonia», en *Boletín de la Asociación Española de Orientalistas*, vol. 39, 2003.

EL JARDÍN HINDÚ

Lo que la rosa a Occidente, el jazmín al Medio Oriente o el hibisco a Melanesia es el loto (*Nelumbo nucifera*) a Oriente: un emblema de desarrollo espiritual, la cúspide, la cima del desarrollo psicofísico. El despliegue botánico e inmaculado cuya contrapartida humana es un corazón lúcido y una mente serena y clara. Para nosotros, activos, espinosos, pasionales, la rosa es un trasunto de Venus, la diosa del amor, mientras que para los hindúes será el mismísimo Brahma, dios supremo, quien nazca del ombligo de Visnú, otra de las deidades de la trinidad hinduista. Ya aquí, en esta elección, puede observarse cuanto de tierra dominada, de jardín acotado hay en nuestra concepción del mundo y qué fluida y acuática se quiere para sí el alma oriental que ha hecho del loto su emblema floral más importante. Ya sea Brahma, Krishna el músico o el mencionado Visnú, las representaciones plásticas que los reflejan incluirán siempre lotos abiertos como prueba de su apertura de conciencia, de su acceso al más allá, las oscuridades de la manifestación. Casi todas las imágenes de Buda que han llegado hasta nosotros lo representan en la posición llamada *padmasana* o de loto.

Particularmente apta para la meditación, la clásica postura de loto es, de hecho, el objetivo central de las prácticas del hatha yoga o yoga físico. Los tratados más antiguos describen esta flexión tan dificultosa como la lámpara que empuja el fuego hacia la fontanela, la cerrazón de la llave de paso que irriga con más fuerza el flujo sanguíneo hacia arriba. Quien, tras años de práctica, logra con facilidad sentarse de tal manera, aleja, dicen, todos los males de su lado. Algunos sanscritistas quieren ver inscritos en la voz *padma* ('loto'), los vocablos *pa* ('proteger, reinar') y *ma* ('medir, ceñir'). Si ese razonamiento etimológico fuera cierto, el loto encarnaría de verdad un auténtico refugio sutil para situarse por encima de los cienos y barros de este bajo mundo. Allí, bajo las aguas turbias, entre los detritus de los mundos desaparecidos, la raíz del loto no tiene más destino que aceptar las corrientes y contracorrientes oscuras para (pulsado, y tras no pocos esfuerzos, con rectitud el tallo) emerger por fin a una superficie en la que luz y éter constituyan el alimento exclusivo de la flor. De igual modo, el meditador, que se sabe nacido en la humedad materna, entre heces, sangre y llanto, aspirará a sobrellevar ese designio insoslayable de lo viviente con prácticas y posturas que revelen su determinación de emplazarse por encima de toda negrura acuática, es decir, más allá del caos oscilante de las emociones. Obsérvese que, por nuestra parte, serán las espinas de la rosa las que cumplan el papel de dureza necesaria, el rol de salientes para herir o evitar ser herido, situaciones en las que la mayor parte de los contactos humanos suelen enmarcarnos. Sensible, la criatura humana verá en los animales, desde los orígenes, la fuerza y la astucia, el poder y la rapidez, pero sólo conferirá a las flores el símbolo de la realización completa, escogiéndolas para representar la serena belleza o la más equilibrada aquiescencia a la que se pueda acceder. Puro reflejo, la flor no se mueve, pero el sol la abarca por completo, y ella a él.

El principal mantra o recitación del lamaísmo, «*Om mani padme hum*» ('la joya está en el loto'), alude, entre otras cosas, a que la doctrina ha hallado un soporte entre los pétalos del trabajo físico. Es decir: lo más valioso, lo transcendente, tiene, empero, un refugio y un punto de apoyo en la palabra y la doctrina de los sabios. Detrás de esa frecuente evocación que tanta reverencia produce en las mentes de discípulos y estudiosos orientales y occidentales, se encuentra el más elevado de los *chakras* o ruedas de energía que se alinean, verticalmente, a lo largo de nuestra columna vertebral. Se trata del llamado *sahasrara chakra*, que, situado por encima de la coronilla y, por lo tanto, del cuerpo grosero, es representado como un «loto de mil pétalos» del que irradian miles de *nadis* o canales de energía sutil. En ese espacio floral abierto por encima del conjunto de los huesos del cráneo se inscriben, además, las cincuenta letras del alfabeto sánscrito unas veinte veces, de donde, se supone, llegado *a este punto el iniciado o meditador consciente ha desarrollado todas las virtualidades del lenguaje y puede, por fin, acceder a la inmaculada gracia del silencio.* Sólo aquí la conciencia cósmica, la amplitud ilimitada de miras y la distensión total conducen a experimentar la suprema beatitud o *paramananda*.

Llegados a este punto es preciso aclarar que los rizomas del loto, desecados y cocidos, producen un eficaz remedio contra las furias y locuras del deseo, precisamente por constituir un remedio anafrodisíaco, es decir, por eliminar o bien neutralizar los fuegos siempre recurrentes de la libido. En la India una decocción de raíz de loto es una medicina contra el priapismo y forma parte de los alimentos que se dan a los jóvenes para que se concentren en el estudio en lugar de desvariar por los caminos de Kāmadeva, el dios del amor sensual. Don Pío Font Quer, en *Plantas medicinales. El Dioscórides renovado*,[1] comenta que en la medicina popular europea aparece la misma referencia supresora del deseo ligada al nenúfar (*Nymphaea alba*). En un diccionario botánico tan afamado como el de Mérat, *Dictionnaire universel de matière médicale et de thérapeutique générale* (1830), se lee:

Las gentes se han servido del nenúfar para calmar los ardores de la concupiscencia. Por eso los piadosos cenobitas del desierto hacían un uso frecuente de él y solían consumirlo en los claustros, conventos y seminarios. Sus propiedades atemperantes eran de tal eficacia que en algunos medios médicos se le acusó no sólo de enfriar sino de esterilizar.[2]

[1] Barcelona, Labor, 1988.

[2] Citado en Francisco Guerra, *Historia de la medicina*, Madrid, Norma, 1985.

Hermana floral del loto, el nenúfar, llamada también rosa de amor o higo de las aguas, es una planta acuática de la familia de las ninfeáceas cuyo rizoma es grueso y ramificado y que carece de tallo aéreo. Flotantes, sus ovaladas hojas coriáceas tienen forma de corazón en su base, y quizá por eso (en contacto con el agua fría) se diga del loto y el nenúfar que reducen el ardor de los sentimientos. La imaginación popular no se queda corta nunca a la hora de hallar parecidos y semejanzas entre las especies y sus diversos hábitos. En China han ido aún más lejos en su pasión por el loto y toda la familia de los *Nelumbium*. Símbolo de pureza sobre el cual se asienta la estatua de Buda (un maestro casto que, recordemos, renunció a toda forma de deseo), el loto o *lian* es además homófono de *lien*, 'vínculo, lazo' en francés. Por lo tanto, lo contrario de la dispersión y el abandono disgregante. La medicina china emplea los tallos, hervidos y cortados en trozos, para sedar a los nerviosos y calmar los dolores de la menopausia,[3] consignándose casos en los que devuelve a las pacientes el candor y la

[3] C. A. S. Williams, *Outlines of Chinese Symbolism and Art Motives*, Nueva York, Dover, 1974.

inocencia mental de las vírgenes, de donde volvemos, de nuevo, a la relación del loto con la abstención sexual. Es muy probable que las náyades griegas o divinidades menores de las aguas moren entre lotos o nenúfares tanto para proteger la cualidad de las aguas como para resguardarse del calor pasional de los sátiros del bosque. En todo caso, loto y nenúfar fueron, para los griegos—que tenían puestos sus favores en el narciso (*Narcissus jonquilla*), raptor de Perséfone, la hija de Démeter, y en la amapola (*Papaver somniferum*), flor central en los misterios eleusinos—especies secundarias.

Allí donde veamos crecer el loto y su familia, sea en Egipto o en Japón, en los lagos y las fuentes, en los ríos o remansos de agua, nos toparemos con reflexiones culturales que lo consideran un símbolo de alto contenido espiritual.

El Buda histórico, es decir, el príncipe Siddharta Gautama, fiel reflejo de la sociedad en la que vivió, también solía sentarse en *padmasana*. Ubicado en el centro de los ocho emblemáticos pétalos de esa flor, su imagen pasó así a la rueda de ocho radios que representa el equilibrio cósmico y que los budistas dibujan—por ejemplo en el templo Bayon de Angkor-Thom—para señalar que el Iluminado es *chakravartin*, o sea, 'Aquel Que Hace Girar los Mundos desde su Centro'. Por pretenciosa que nos parezca tal denominación, la de Jesús como Cosmocrátor en las iglesias románicas no lo es menos. Se trata, en ambos casos, de señalar que los dos maestros, el hindú y el judío, habiendo batallado contra el cenagal histórico en el que nacieron, habiendo transformado barro en belleza, oscuridad en luz, desarmonía en armonía, merecen ser recordados como héroes místicos y criaturas plenamente realizadas. El primero, al amparo del loto; el segundo, bajo los pasionales influjos de la rosa roja que, a pesar de las espinas o tal vez por su causa, ha transformado el dolor en fragancia, la angustia en perfume.[4]

[4] De la Rüe, Bourlière y Harroy, *Flora y fauna de los trópicos*, trad. de Miguel Fusté, Barcelona, Juventud, 1960.

EL JARDÍN CHINO

El *huayuan* o jardín clásico chino fue el primero, entre todos los jardines ideados por el ser humano, en «acotar» una zona determinada de una colina o de un arroyo y considerarla, tal cual, lugar de manifestación de una belleza que debe ser cuidada, respctada y mimada, pero nunca deformada de modo que no puedan reconocerse sus orígenes silvestres e irregulares. El ideograma *hua*, que inicia el nombre del jardín, alude tanto a una flor como a algo variado, multicolor, por lo que podemos imaginar que ese espacio de predilección contenía, flores aparte, por lo menos cuatro o cinco especies arbustivas y una amplia variedad de *Prunus*, árboles que serán—a lo largo del tiempo—los más amados por los chinos, quienes, a su vez, dejaron ese gusto a los japoneses. *Yuan*, en cambio, a la vez que alude al jardín en sí, a la parte sacralizada o acotada, señala una casa de campo, el lugar de sepultura de los emperadores y las casas de té. Bajo su bello diseño, este ideograma guarda a *wei*, el cuadrado, supuestamente porque—al igual que en Persia—esos sitios de recreo obedecían al arte del ángulo recto en sus bordes a la vez que mantenían una atmósfera irregular en su centro y contenido.

Existe también, entre los chinos, un lugar al que llaman *pu*, más cercano al huerto que al jardín. Al *huayuan* se va a gozar del ocio y la contemplación; al *pu* se va a trabajar, labrar, podar o abonar la tierra. Al *huayuan* van los aristócratas, letrados y poetas; al *pu*, los horticultores y jardineros, y aunque los límites entre uno y otro no están claros, con frecuencia solían ser contiguos como en las casas de campo inglesas de la época victoriana. Curiosamente también los griegos dividían el mundo vegetal en utilitario o místico, comestible o aspirable, perteneciendo a este último campo[1] toda planta que rindiese perfumes y flores, esencias y aromas. Etérea, la belleza es un placer para el ojo y la nariz, raramente para la boca, que al asumirla la destruye. En cierto modo el *pu* chino, como el *hortus* latino, supone esfuerzo, para no mencionar la posterior cocción y aderezo de sus frutos, en tanto que el jardín contemplativo o *huayuan* es como es, tanto

[1] Marcel Detienne, *Los jardines de Adonis*, *op. cit.*

más hermoso y radiante cuanto menos tensión y laboreo demande su existencia. Si la tradición jardinera europea parte de la exigencia que supone cultivar un desierto, la jardinería china tiene su origen en el disfrute de un paisaje de belleza, fertilidad y variedad inimaginables. En tanto que la flora europea resultó diezmada por las glaciaciones, parece ser que Asia oriental conservó intacta su primitiva variedad de plantas. Así, en la época en la que se inicia la jardinería china—el año 2000 a.C.—la llanura china septentrional poseía una flora incomparable, arbustos y flores de casi todas las familias.

Sobre ese paisaje, en torno a ese relieve prolífico, el trabajo del jardinero se limitaba simplemente a ordenar y a destacar lo existente. He aquí, pues, la semilla taoísta, la primera huella de una filosofía que respeta el medio ambiente en lugar de someterlo. Los pabellones y los puentes, las terrazas, las escalinatas y los laberintos y senderos convirtieron los lagos de los bosques en jardines sin plantar un solo árbol, ni sembrar una sola planta. De modo que los antiguos parques de caza de los emperadores no eran sino un perímetro de paisaje natural restringido cuyos límites coincidían con los del poder. Allí donde se había dado muerte a un faisán o se había capturado el cromático trino de una oropéndola, allí donde se habían comido las setas de lo maravilloso o se habían mantenido amores secretos, los grandes señores, una vez rendida el alma, querían yacer a la sombra de un sauce o junto al canto fluido de un arroyo. Liu Che, el emperador Wu de Han, que unificó China—como Augusto templó el destino de Roma articulando sus fuerzas y etnias—, viendo que era imposible alcanzar las legendarias islas de la inmortalidad situadas en un hipotético norte y pobladas por sabios y maestros longevos, y queriendo vivir él mismo el mayor tiempo posible, les confirió existencia en jardines y parques que las reproducían como un objeto a su idea platónica. De Liu Che y de sus arquitectos y jardineros surgieron los lagos-islas ajardinados que tanta influencia tendrían sobre los japoneses y coreanos.

Viajar a esas islas de la inmortalidad era un hecho imposible a todas luces, pues los navegantes y marineros carecían de una cartografía apropiada o fiable, y allí donde el mar se topaba con el dragón del horizonte la duda se convertía en aprensión y temor, impedimento que generó, en la fantasía del pueblo chino, un par de vehículos apropiados para llegar, al menos *in mente*, a esos prodigiosos palacios: la tortuga gigante y la cigüeña. La primera porque nadaba más allá de toda ruta previsible, y la segunda porque iba y volvía con la regularidad de una clepsidra a sus antiguos nidos. Las rocas y piedras que en los jardines las representaban se escogían precisamente por su parecido con esas criaturas. Pero ese tipo de jardín, más propio de la llanura o el terreno ligeramente abrupto, habría de dar paso a la predilección por el paisaje montañoso, las cascadas y los valles ocultos, sitios en los que el taoísmo tradicional se alió con el budismo hacia el sur del río Yangtsé, generando monasterios y ermitas en lugares alejados de los centros urbanos, más apropiados para la vida religiosa y contemplativa que para el mundanal disfrute de los aristócratas. Tras la conquista bárbara—tártaros y mongoles—de la zona septentrional de China, maestros y eruditos optaron por refugiarse en espacios inaccesibles en los que la bruma y la humedad transformaban la mirada en adicta a las imprecisiones y las sutilezas. La descripción de un monasterio del siglo IV refiere que:

En el jardín, Huiyuan dispuso un bosque para la meditación. La humedad se condensaba en los árboles y caía gota a gota sobre los musgosos senderos. Cada porción de suelo hollada por el pie y sobre la que posaba la vista estaba llena de majestad y pureza espirituales.[2]

También en ese período comienza a desarrollarse la sensibilidad china por los detalles de la naturaleza, sus insectos y mariposas, sus ranas y florecillas, reparando en el curso de las estaciones tal y como se refleja en el color de las hojas. De hecho, *ye* ('hoja') era y es sinónimo de la cabeza humana, situada en la parte alta de cuerpo así como la hoja se ubica en la culminación del árbol. Para un pueblo tan amante del jade o *yu*, el verde de la hoja en él reflejado aludía a la felicidad, a un estado de paz y serenidad que sólo el amable bosque o el jardín a medias silvestre podían brindar. El nexo entre la hoja y la cabeza humana no pasó desapercibido, pues, a los letrados y sabios, cuya idea de realización suprema a la que podía aspirar un ser humano era un hecho

[2] Germain Bazin, *Paradeisos. L'art du jardin*, París, Chêne, 1988.

vegetal antes que animal. Por otra parte, y dado que en uno de sus tonos *ye* aludía a cada generación (de hojas y de seres vivos), los chinos inventaron el proverbio que dice «*ye luo gui gen*», cuyo significado es 'la hoja caída torna a la raíz', para extraer de allí una enseñanza estoica acerca de la muerte: todas las cosas vuelven a su origen, todos los seres nacidos han de perecer, toda individualidad ha de regresar al todo del que fue desgajada. A medida que pasaban los siglos y la vida se hacía más compleja y dura, pero también más consciente, los jardineros chinos comenzaron a incorporar rocas y piedras más ásperas y más retorcidas, pero también a reparar en los bonsáis naturales que entre los huecos de esos mismos minerales crecían, llegando a la conclusión de que la dificultad puede empequeñecer el tamaño, pero jamás desvirtuar el destino de una especie o de un ser.

A finales del siglo VI un nuevo emperador hizo gala de su poder y su seguridad creando un gigantesco jardín cuyo perímetro tenía ciento trece kilómetros y en cuya construcción trabajaron un millón de personas. En su interior brillaban cuatro lagos, uno de los cuales tenía más de veinte kilómetros de largo. De sus pabellones emergían los típicos techos curvos de tejas lacadas en rojo, dando, al conjunto, un aspecto monumental. Aunque no hay una explicación clara sobre el efecto voladizo de estos tejados, se piensa que conferían a las casas un aire más ligero, parecido al de una tienda nómada. Fieles al *fengshui* o arte de interpretar el paisaje, los jardines chinos no se creaban al azar ni porque sí. Considerados focos de energía anímica, debían estar en correspondencia con el cosmos y su *qi* o 'aliento vital' tenía que fomentar la salud y la armonía. En el tratado *Yuan Ye*, un compendio de jardinería de la dinastía Ming (siglos XV al XVII), se dice que en la naturaleza—y por extensión en los jardines—todo lo que es simétrico y reglado es ajeno a la realidad. Es cierto que los cristales propenden a la simetría, pero son pequeños y se hallan, casi todos, en el subsuelo, mientras que lo que ven nuestros ojos—mar, campos, bosques, ríos—está regido por una configuración asimétrica, respetable y hermosa tal y como es. Rowley, un conocido sinólogo, anotó:

Nosotros [los occidentales] restringimos el espacio limitándolo a la perspectiva que se ofrece a través de la apertura de una puerta; ellos, por el contrario, sugieren el espacio ilimitado de la naturaleza como si hubieran traspasado esa misma puerta.[3]

El jardín chino era visitado durante todo el año, ya que sus colores y formas enseñaban cómo emocionarse y por qué, en un juego de correspondencias botánico-humanas que hoy hallaríamos supersticioso. En invierno se admiraba la resistencia de las ramas oscuras al peso de la nieve; más tarde, la floración de los *Prunus*, almendros y ciruelos, y por fin la eclosión esférica de los frutos del verano. También estaban abiertos durante la noche, sobre todo en primavera, y la gente acudía a ellos para contemplar los parajes de ensueño y fantasía que visitaba la luna más allá de los brazos abiertos de los árboles. Solían compararse, entonces, los cantos de los grillos, o se gemía al unísono con el intermitente reclamo del cuclillo. En el duodécimo día del segundo mes del calendario chino se celebraba el Cumpleaños de las Flores. Era un delicia ver la atención con que las madres observaban la calidad deslizante de los pétalos o la for-

[3] Citado en Maggie Keswick, *The Chinese Garden*, Londres, Wiley, 1978.

taleza vertical de los tallos. En la China clásica era la dinámica del paisaje la que absorbía los edificios y no al revés. La irregularidad del jardín garantizaba que nada ni nadie estaría sometido del todo a otro orden que no fuera el del mismo universo. No poseen, por ello, estos jardines césped o arriates a la manera occidental, superpuestos a la tierra. Con el tiempo los jardines se transformaron también en escuelas de pintura y caligrafía o salones de música, dado que su amable marco era el más idóneo para los eventos culturales. A los pabellones se les daban nombres como Sala del Arco Iris, Fragancia de Lotos o Procesión de Nubes. Sus ventanas se coloreaban y en algunos casos canales de agua entraban a las habitaciones para que pudiese escucharse siempre y en todo momento el soplido y discurso de la corriente. Ese agua que para los chinos constituye el más alto símbolo de la vida y de su suave o tumultuoso curso. La casa se abría sobre el jardín y el jardín entraba en la casa; los estanques tenían por lo general carpas rojas para recordar que hay colores de fuego que no apaga ningún líquido.

Como dijo Zheng Banqiao:

> El goce de la vida debería basarse en la concepción del universo como un jardín [...] de manera que todos los seres vivan de acuerdo con su naturaleza y grande sea su dicha.[4]

En los jardines chinos las rocas fijas representaban a los maestros purificados, y por eso los paseantes que las contemplaban descubrían en ellas la cualidad ligeramente grisácea de la permanencia al mismo tiempo que un punto de apoyo o asiento para su fatiga. Gris oscuro es el hábito de los taoístas y también el color del mandil de los jardineros, pues más allá del calor de la pasión queda la ceniza de la fertilidad, reunión de todos los colores, tono de todas las perseverancias. Los chinos consideraban al ciruelo, el bambú y el pino los tres amigos del invierno. Li Taibai, 'flor de ciruelo', se llamó uno de sus más grandes poetas, que vivió en la época de la dinastía Tang (siglo X) y escribió:

> La vida de este mundo sólo es un sueño;
> no querré malograrlo con trabajos o angustias.
> Así diciendo estuve bebido todo el día,

[4] Citado en *ibid.*

solitario en el porche, tendido ante mi puerta.
Al despertar miré hacia el jardín del patio:
cantaba un solo pájaro en medio de las flores.
«¿En qué estación del año nos hallamos?», me dije.
Sin cesar, la oropéndola charlaba entre la brisa del
buen tiempo.
Me conmovió su canto; pronto lancé un suspiro
y, estando cerca del vino, volví a llenar la copa.
Cantanto en alta voz quise esperar la luna,
pero cuando terminó mi canción perdí el sentido.[5]

De poder escoger entre los tres amigos del invierno, sin duda el más chino de todos ellos sería *zhu* ('bambú'), que tan pronto sirve de alimento como deviene pincel, estaca del huerto, cuchillo, botón, papel, silla o abanico. Aguja o hilo. Dice, de este flexible milagro vegetal (*Bambusa arundinacea*), el clásico *Zhu Pu* o 'Tratado del bambú':

Cuando puedas doblarte sin romperte, ser flauta y amigo del viento, conservar tu verde vigor, crecer junto a otros sin perder altura, estar vacío por den-

[5] Arthur Waley, *Vida y poesía de Li Po*, trad. de Marià Manent, Barcelona, Seix Barral, 1969.

tro pero robusto por fuera; y ofrezcas tus brotes sin temer a ser desposeído, y la lluvia te acaricie y la cola de la marta y la mano de un artista—tú mismo—te guíen por la vida, sereno y noble, dale gracias al bambú que lo hizo antes que tú.[6]

Tras el bambú es el melocotonero o duraznero (*Prunus persica*) el árbol que más crece en los jardines chinos. Encarna el Árbol de la Vida que algún día creció, según algunos eruditos, en el centro del Paraíso; pero también el Árbol de la Inmortalidad, y por eso sus ásperas, rugosas semillas, que son apótropas, eran primorosamente talladas con motivos simbólicos y guardadas o llevadas encima como talismanes o amuletos. Tanto prestigio tiene su follaje—emblema de la primavera, la juventud, el matrimonio, la riqueza y la longevidad—que ha dado origen a un sinfín de relatos, fábulas y apólogos, uno de los cuales lleva el nombre de «El ideograma fu y el melocotón de la longevidad». Dice así: desde que era un niño de diez años Hao Chi trabajaba cerca del templo taoísta Flor de Ciruelo

[6] Citado en Si Cheng, *Yuanye. Le traité du jardin (1634)*, París, Les Editions de l'Imprimeur, 1997.

grabando el ideograma *fu* ('felicidad, bienestar, prosperidad') en los huesos de melocotones que le entregaban los monjes, pero él no era próspero, ni gozaba de bienestar alguno, ni era feliz. Sin embargo, acostumbrado a esa vida, le sacaba partido a todo, e incluso se convirtió, antes de los veinte años, en un reputado calígrafo. En sus primeros años de trabajo no preguntaba nada, no hablaba, y tal vez hasta ni pensaba, pero un buen día, viendo la fugacidad de las flores de los melocotoneros, quiso saber por qué precisamente se había escogido el hueso de esa fruta para representar doblemente la longevidad y la prosperidad. Pensaba, al ver a los pobres monjes, que lo primero lo cumplían con creces, pero que la miseria les hacía compartir hasta la ropa y un único plato de sopa, grande y verde, del que comían, probaba que allí no había medios para más.

—¿Has oído hablar de Shou Lao?—le respondió el viejo monje al que le preguntó la razón de que tal fruto señalara semejante don—. Hoy lo llaman el dios de la longevidad, pero en realidad fue un médico que, intentando salvar a su hijo menor de una gravísima enfermedad y desesperando por no hallar el remedio adecuado, viajó a los jardines de Wang Mu, en donde, se dice, crece el melocotonero de la larga vida, que florece cada tres mil años, transmite salud visual a quien lo contempla y conforta y cura a quien come uno solo de sus frutos.

Caminaban Hao Chi el calígrafo y el viejo monje por una senda de grava que conducía a una montaña cortada a pico sobre el abismo. Era invierno, el aire tenía un color azul humo y el cielo se ocultaba tras las gasas de la niebla.

—Pero ¿el médico—quiso saber Hao Chi—halló el árbol, curó a su hijo?

—Verás—suspiró el monje—, al llegar a los jardines había tantos melocotoneros y todos eran tan sencillos y normales que el médico desistió de poder encontrar aquel que sólo florecía cada tres mil años, aquel cuya savia, sabor y madera, además de la belleza de sus hojas, concedían prolongado bienestar. Era un hombre bastante apuesto. Su frondosa cabellera, de la que estaba, por cierto, orgulloso, le cubría los hombros, aunque en aquella ocasión la llevaba anudada en una trenza que tocaba el suelo.

—¿Y?—preguntó ansioso el joven, mirando el abismo para que el monje no detectase su nerviosismo y arreglándose en un rápido movimiento su propia y negra coleta.

—Ocurrió que al pasar entre dos árboles—dijo el monje—muy tupidos, tras estirar la mano para arrancar un fruto, la trenza se le enganchó en una rama. El médico intentó zafarse, y mientras lo hacía el melocotonero íntegro sonó como si estuviera animado por cien campanillas estelares, y aunque era de día se puso a brillar y fosforescer. Por fin, el árbol del elixir de la larga vida, pues de él se trataba, le preguntó a qué había venido.

—Le debió de hablar de la curación de su hijo—interrumpió Hao Chi.

—Desde luego. Desde luego—sonrió el monje mirando al calígrafo—sabes: favor con favor se paga. El melocotonero le concedió un poco de la savia de la salud a cambio de su propia cabellera y de la primera barba de su hijo. Solicitud a la que, en un abrir y cerrar de ojos, el médico accedió. Pero entonces—prosiguió el monje—una mano misteriosa hecha de hojas verdes y de nudos transparentes en un mismo segundo lo introdujo debajo de la corteza, haciéndolo viajar por los colores de las cuatro estaciones y por el aire del sueño, el calor de la vigilia y las tumbas de las raíces, el cruce de las especies y su irremediable soledad, para acabar transformándolo en un viejecito calvo y cabezón, el cual, viendo en qué se había convertido, no atinó a decir sino *fu*.

—¡El ideograma que desde hace años—dijo el joven—grabo en los huesos de las frutas! El signo de la prosperidad.

—Quizá—dijo el monje—, porque lo cierto es que *fu*, con una ligera variación de tono, puede ser 'no', o puede significar 'adulto, viejo', y si se pronuncia con los labios muy cerrados también puede aludir a la desgracia o el infortunio.

—Santo cielo—dijo el joven, angustiado. Y para demostrar que no lo estaba cogió una piedra pequeña y la arrojó al abismo.

—El médico—prosiguió el monje—, contento naturalmente con el remedio, volvió a su casa y curó a su hijo, que en un principio no lo reconoció, tanto había envejecido y tan rosada y notable se había vuelto su calva. Como ya había entregado su cabellera al árbol, que desde entonces la usa para tejer sus hojas más oscuras, esperó a que su hijo llegara a la adolescencia para llevarle su primer vello, que, como habrás visto, heredan hoy los redondos y sabrosos frutos del melocotonero.

—Pero ¿se supo alguna vez el tono en que dijo *fu*?—indagó el joven, temiendo que aquello que desde hacía tantos años grababa en los huesos frutales fuera un mero error fonético, un signo falso, un deseo de calamidad en lugar de un voto de bienestar.

—Eso no tiene la menor importancia—contestó el monje, acariciando la cabeza del muchacho—, pues *fu* también quiere decir 'consuelo', y yo te he contado esta historia al borde del abismo porque nuestra vida, para no caer, depende del tono de nuestro lenguaje más que de las palabras que lo componen, de modo que, si tu voz es la adecuada, también será adecuada la elección de tus actos.

—Cualquiera sabe qué tono emplear—rezongó ligeramente Hao Chi—. De entre los ocho existentes, el más mínimo desvío fonético de uno a otro puede llevarte al cielo o al infierno.

—Muy sencillo—sonrió el monje taoísta—. Hay cuatro estaciones, dos solsticios y dos equinoccios. Ocho caras y un solo tiempo. Respeta sus máscaras y no ocultes nunca tu rostro. La longevidad es una maravilla si uno se siente joven por dentro, pero ser niño o joven es una desgracia si uno se siente más viejo e indiferente que las piedras.

ACERCA DEL «PARDÉS» O PARAÍSO DE LA KÁBALA

Nadie sabe a ciencia cierta si el poeta italiano Dante, el famoso autor de *La divina comedia*, extrajo de la Kábala la idea de que para entender su obra había que considerar sus cuatro niveles: 1.º el literal, 2.º el alegórico, 3.º el moral, y 4.º el místico. Pero si Asín Palacios, el erudito español, descubrió el nexo entre el sufismo y la escatología de Dante, no es improbable que alguien descubra algún día la relación del poeta italiano con la Kábala. Por lo pronto esos cuatro niveles de interpretación también los menciona la tradición hebrea como necesarios para acceder a una comprensión profunda de lo que la Torá o Pentateuco significa. Que la totalidad de esa visión de las Escrituras lleve el nombre de *Pardés*, 'Paraíso', y que ése sea también el nombre del último libro de la Comedia, no es en todo caso casual.

Así como tampoco parece casual que *Pardés* pueda leerse también, en su forma aliterada, como Sefarad, o sea España, tierra de místicos donde se recopiló la obra más importante del saber espiritual judío: el *Zohar* o *Libro del esplendor*, que vio la luz en el siglo XIII castellano.

פַּרְדֵּס
סְפַרָד

Pardés es también un acróstico cada una de cuyas letras alude a un nivel de interpretación de la Torá y, por extensión, de la vida misma:

-פּ *Pshat*, nivel simple o literal.
-ר *Remez*, nivel alusivo.
-ד *Drash*, nivel analítico o polisémico.
-ס *Sod*, nivel secreto o místico.

Al mismo tiempo hay escuelas que confieren a cada uno de estos niveles un elemento, en cuyo caso lo simple sería terrestre; lo alusivo, acuático; lo analítico, aéreo; y lo secreto o místico, ígneo. La única tradición que habla, empero, de cierto «jardín de fuego» es la islámica, en la que el fuego es *el protector externo de esa frescura interna.* Sin embargo, Juan de la Cruz, en su comentario al *Cántico espiritual*, habla de un conocimiento para «los que saben advertir y les parece estar tal alma como en un deleitoso jardín lleno de deleites y riquezas de Dios».

En pleno siglo XIII el *Zohar* relaciona la expulsión del Paraíso con *la transformación del cuerpo de luz en cuerpo carnal* apelando, para ello, al reemplazo de una letra por otra pero también, sin duda, a viejas leyendas populares relativas al Adan Kadmon o primer Adán y su aspecto angelical. En la primera mística bizantina, cuenta Corbin, esa diferencia se manifiesta en el juego verbal existente entre los vocablos griegos *sarkinos anthropos* ('hombre carnal') y *photeinos anthropos* ('hombre de luz'), siendo el primero una máscara física que oculta el rostro solar del segundo.

Paul Valéry anotó: «La piel es lo más profundo que hay en el hombre».[1] *Profundo* quería decir, para él, 'extenso', ya que la piel depende, de los pies a la cabeza y del coxis a la nuca, casi exclusivamente de lo más sutil del sistema nervioso, y tramita en sus dos partes básicas, la epidermis y la dermis, la mayor parte de las *renovaciones que se dan en nuestro organismo*. Parece superficial y es íntima, semeja una red flexible tejida sobre muchas redes y es el órgano que más sabe de nuestras alteraciones térmicas y de nuestros pla-

[1] P. Valéry, *La idea fija*, trad. de Carmen Santos, Madrid, Visor, 1988.

ceres táctiles. Ninguno de sus poros es insensible y ninguna de sus arrugas, vana. Exteriormente está limitada por el mundo en el que estamos, pero su lado más profundo no conoce frontera.

Dice el *Zohar* o *Libro del esplendor*:

La piel, la carne y los huesos no son sino un vestido, un velo, no son el hombre. Por eso cuando el ser humano deja este mundo se desprende de todos los velos que lo cubren. A pesar de eso no debemos despreciar nuestros cuerpos, pues sus diversas partes se conformaron y conforman de acuerdo con la *divina sabiduría*. La piel representa el firmamento, que se extiende sobre todo y cubre todo como un vestido. Pero la piel también recuerda el lado malo del universo, sus límites. [Se trata, de hecho, del lado opaco (en hebreo la expresión «y mal», *ve-raa*, se refiere al árbol del que Adán y Eva comieron según el mito genésico) y es semejante, en su estructura trilítera, a *ôr*, la 'piel', opacidad que forma parte, con los diferentes miembros del organismo, de un vehículo que a su vez transporta algo aún mayor]. Esas partes son también ellas vestidos, exterioridades, pues es en el interior donde se halla de verdad el hombre celestial.[2]

[2] *El Zohar*, trad. de León Dujovne, Buenos Aires, Sigal, 1978.

Entre la historia narrada por la Biblia y la interpretación que hace de ella el *Zohar*, que ni parece arbitraria ni es un mero invento del autor del libro, transcurren bastantes siglos de meditación y enseñanzas como para llegar a esta conclusión, también procedente de *El libro del esplendor*:

Dice Rabí Jiyá que los ojos de ellos [del hombre y la mujer] se abrieron al mal del mundo que hasta entonces no habían conocido. Y entonces supieron que estaban desnudos, porque habían perdido el viso celestial que antes los envolvía y del que estaban privados ahora. *Y ellos cosieron hojas de higuera*, es decir, procuraron cubrirse con las ilusorias imágenes del árbol del que habían comido, las llamadas «hojas del árbol» [...] Rabí Judá dijo: De esta manera tres fueron llevados a juicio y se los encontró responsables, y el mundo terrenal fue maldecido y desalojado de su estado de gracia por causa de la transgresión de la serpiente, hasta que Israel estuvo ante el monte Sinaí. Luego, el Creador vistió a Adán y Eva con suaves vestiduras de piel, como está escrito. *Él les hizo abrigos de piel*, (*ôr*). Primero habían tenido abrigos de luz (*or*), que les procuró el servicio de lo altísimo, de lo más alto, pues los ángeles celestiales acostumbraban a venir a gozar de esa luz.[3]

[3] *Ibid.*

Esta aparentemente peregrina explicación, que tiene su contrapartida en un mito tibetano, es ni más ni menos que *un síntoma, un descenso de lo etéreo a lo encarnado y de la unidad a la dualidad*, de donde si el estudiante desea y anhela recobrar esa luz originaria deberá *desandar* el camino o, en otras palabras, al reemplazar una letra por otra, la *ain* por la *alef* (la ע por la א), convertir su piel (עור) en luz (אור). A tal proceso los taoístas chinos lo llamaron «el método retrógrado» o «poner en circulación la luz», y los kabalistas cristianos lo ejemplificaron en el tránsito del manto rojo de Jesús a sus vestiduras blancas, que están por debajo:

-*Or*, 'luz', אור.
-*Labán*, 'blanco', לבן.
-*Ôr*, 'piel', ע ור.
-*Adom*, 'rojo', אדם.

EL JARDÍN JAPONÉS

Japón es el único país del mundo que ha conservado prácticamente intactos sus jardines antiguos, espacios de privilegio en los que, dicho sea de paso, el clima subtropical del archipiélago ha mejorado musgos y raíces milenarias con periódicas lluvias y recurrentes humedades. Lo que los maestros chinos hicieron con la piedra irregular y el jade virgen tras los palacios de los letrados, pervive hoy, mejorado y ennoblecido, en la jardinería japonesa. Intacto. Osamu Mori, un erudito que además de diseñar jardines lleva cincuenta años investigando los de su país, ha encontrado trazos del gusto por esos pequeños paraísos en la remota prehistoria, de manera que hace cerca de seis mil años que los japoneses contemplan la arena y el helecho con minucioso misticismo, atentos a cada detalle botánico, a la edad de la corteza y el color de la sombra. Cuando, miles de años más tarde, las plantas y las flores lleguen por fin a la seda de la ropa de las geishas del período clásico—entre los siglos VII y XV—, la aguda mirada de los jardineros poetas y de los hortelanos monjes habrá dejado ya su huella indeleble en el sentir popular, generando un gusto que pasará, más tarde, a la pintura y a la cerámica, sin alejarse demasiado de los *karesansui* o jardines secos de los templos zen o bien reflejando en poemas y novelas la atmósfera sugerente de los *roji* o jardines para la ceremonia del té.

Fue a partir del período Kamakura (1185-1333) que los monjes o sacerdotes budistas y shintoístas se convirtieron en los más grandes jardineros. El más famoso de todos ellos, Musō Soseki (1275-1351), fue, además, poeta y calígrafo. Pensador de las pequeñas cosas del clima y devoto de los silencios vegetales, Soseki es, todavía hoy, una autoridad a consultar cuando se labra un terreno o se desvía un manantial. Puesto que en el shintoísmo—la religión nacional del Japón, animista y ecológica antes de que la asociáramos siquiera con esa palabra—el símbolo primordial es un espejo de bronce, rostro dorado de Amaterasu, la diosa del sol, resulta coherente con el alma japonesa que su resplandeciente vacuidad, tras aliarse con la del budismo de origen hindú, se proyectara sobre los jardines, desnudos y sencillos, raramente barrocos como los franceses o descuidados como los ingleses. Los materiales clásicos del jardín japonés—que casi siempre es asimétrico, como el ideograma *kokoro* ('corazón')[1]—son la arena, la piedra, el agua, el musgo, los árboles y en menor medida las flores, destinadas a representar, en el *ikebana*, la estructura ternaria del hombre cósmico y por eso mismo situadas en un plano más cultural que espontáneo. Precisamente porque el carácter de sus creadores es tan controlado, el jardín japonés tiende, por compensación, a representar lo irregular y vivo, es decir, lo orgánico, que se convierte así en pantalla arquitectónica de un alma colectiva que ha hecho de la paciencia un instrumento más. Inversamente, los occidentales hemos configurado nuestros jardines a partir de la *topiaria* o recorte de los setos y cipreses bajos inventada por los romanos, modelándolos como un contrapeso racional a nuestras tumultuosas pasiones. A diferencia de los orientales, los occidentales desdeñamos el vacío como valor en sí y jamás hemos visto en la arena o la gravilla otra cosa que la base mullida para un sendero ni de-

[1] Günter Nitschke, *El jardín japonés*, trad. de Carmen Sánchez Rodríguez, Colonia, Taschen, 1993.

tectado en las piedras—como Miguel Ángel en el Renacimiento—otra cosa que una tosca materia que viste imágenes interiores que deben ser desnudadas por la habilidad del artista. Para el jardinero japonés la arena de su jardín puede *simular* el agua de un estanque, y un cono de ocre pedregullo puede ser tanto una montaña como una colina en la que se subliman sueños de ascensión o realización espiritual. En lo que a las piedras concierne, cumplen una función polivalente: aluden a montañas que *se han amigado con el hombre, que tienen vida propia y emanan una cierta y lenta sabiduría*, o bien actúan como nudos de sujeción del resto del paisaje acotado, es decir, del jardín.

Estas piedras, anclas de atención, referencias fijas en la cambiante realidad del flujo viviente, pueden ser jaspes rojos, esquistos, pizarras verdes, pardas o grises (hay en Japón desde siempre una variedad enorme de grises que tanto se bifurcan en los aceros como trepan por las opacas y sobrias cerámicas), exquisita predilección que se debe tanto a que el gris es la reunión de todos los colores, y por ello el neutro reposo de su síntesis, como al hecho innegable de que todas las islas del país se hallan rodeadas de un mar que exhibe los más variados matices de ese color. El mercado de coleccionistas de tales piedras de arte llegó a ser tan poderoso y especulativo que, en el período Tempo (1830-1840) se tuvieron que reglamentar los precios, acordar los usos y clasificar los portes. Otro de los elementos claves en el jardín japonés, y que está relacionado con el ideograma *kokoro* o 'corazón'—que, como el *xin* de los chinos, también alude a la mente profunda—, es el estanque, que no debe ser muy grande y preferentemente tiene que estar semioculto por bambúes o grandes macizos de plantas. El denominado *chitei* está conformado por una masa de agua con los contornos agitados por la hiedra o los setos, y suele estar bordeado por un camino que permite rodearlo. Del mismo modo, se dice, debe rodearse con una sutil empalizada de meditación a la mente profunda y serena con el fin de controlar las inclinaciones a veces desbocadas del corazón, sus peligrosas emociones, sus locuras amorosas o sus perversiones sangrientas. En otras palabras: un latido debe vigilar al siguiente o, por lo menos, conocer sus ritmos y pautas para así aspirar a la armonía, que es aquello que los japoneses reflejan en sus hermosos jardines.

Los jardines zen de arena o gravilla, a diferencia de los grandes espacios arbolados, no se recorren sino que se contemplan desde una tarima de madera o un ángulo especialmente escogido para ello. Sobre los jardines secos o *karesansui* escribió el poeta griego Nikos Kazantzakis uno de sus más bellos, admirados y admirables libros de viaje, quizá porque en su paisaje natal la piedra, demasiado abundante, nunca había sido observada *tel quel* y su curiosidad fue pura admiración, no exenta de una profunda comprensión de lo que el budismo representa en Asia. El autor de *Zorba el griego* comprendió bien pronto que para el alma japonesa impregnada de *dharma* y, tal vez antes, también de taoísmo lo que de verdad cuenta es el silencio interior, la unidad de cada parte del terreno con el todo del paisaje que lo incluye. Los chinos, que llamaron *tai yi* al musgo, lo vieron como una extensión homofónica de *dai* ('el inocente, el simple, el bobo'), personaje que cuenta—tanto en China como en Japón—, y la figura del santo de la risa Hotei es un modelo de ello, con un gran prestigio espiritual. Herederos de un mismo parecer, los japoneses instalan en sus jardines un rincón musgoso que encarna la humildad, el calmo carácter de lo que no necesita mucho para crecer. También existe en Japón un tipo de jardín que lleva el singular nombre de «jardín paradisiaco».[2] Aparece al final del período Heian (794-1185) y su característica más notable es el toque nostálgico de sus rododendros, las zonas en penumbra, junto al agua que llora delicadamente sobre las piedras todo el año. Eran, sabemos, lugares de refugio, no demasiado grandes, tampoco abundantes, en los que los personajes de la corte hallaban amparo en los momentos de turbulencia social, entorno en el que también encontraron solaz, en idénticas circunstancias aunque en distinta geografía, algunos emperadores romanos o nobles ingleses de la época isabelina. Existen dos ejemplos famosos de estos *jodokyo* o jardines crepusculares y paradisiacos: el célebre Pabellón de Oro, Kinkakuji, popularizado por Mishima en una de sus novelas, y el Pabellón de Plata o Ginkakuji. Ambos están en Kioto y son el paradigma perfecto de lo que el japonés clásico ha buscado, con paciencia y devoción, a través de su sobrio jardín.

[2] Bazin, *Paradeisos*, *op. cit.*

La pintura japonesa, que con tanta intimidad esboza sus figuras, de factura plana como la china hasta bien entrado el siglo XVIII, no parece haber considerado—como la inglesa y más tarde la impresionista francesa—los jardines en su rotar estacionario. En cambio sí detectamos la percepción de su ritmo foliar y de sus musicales sonidos en la literatura, en la poesía o en la prosa galante. Al igual que el occidental *Roman de la Rose*, con su *topos* vegetal para el amor, o de manera semejante a como, en los jardines hindúes, los amantes se reúnen junto a los columpios y las fuentes para intercambiar caricias y cópulas, los maestros japoneses visitan sus jardines para componer *haikus* o para afinar sus instrumentos de música con los que celebrar su veneración por la naturaleza. Sirviéndoles de sombrilla, en tales espacios verdes se abren las camelias rosadas o rojas casi inodoras, y, en primavera, deslumbran los cerezos y otros prunus que manos sabias han redondeado, aclarado u oscurecido tras años de cruces e injertos. Así como la camelia alude a lo femenino, los cerezos en flor son símbolo de los niños, de la vida plural que cada año se renueva en promesas de luz, los pinos—bellos y rectos—constituyen un modelo a seguir por los estudiantes zen. Ligeramente fragantes en la casi imperceptible oscilación de sus ramas. El erudito Daisetsu T. Suzuki,[3] en su obra sobre la influencia del zen en la cultura japonesa, cuenta que el amor de sus congéneres por la naturaleza debe mucho a la presencia del monte Fuji, situado en el centro de la principal isla del Japón. No hay poeta, antiguo o moderno, que no lo haya cantado, nevado o florido, ni hay artista (son famosas las estampas que le dedicó Hokusai) que no pintara, al menos una vez en su vida, sus suaves laderas. Si se piensa en los conos de arena de los jardines monásticos se entenderá mejor este juicio de Suzuki: todos parecen el monte Fuji en miniatura. El maestro japonés también agrega—y la idea es discutible—que los orientales nunca se dedicaron a «conquistar» la naturaleza como hizo la civilización helenística primero y, más tarde, en época romana, lo intentaron los jardineros del Latium alternando estatuas y fuentes, pasadizos y cascadas artificiales. Suzuki escribe:

[3] D. T. Suzuki, *El zen y la cultura japonesa*, trad. de María Tabuyo y Agustín López Tobajas, Barcelona, Paidós, 1996.

Los orientales nunca hemos concebido la naturaleza en forma de un poder opuesto o enfrentado a nosotros. Por el contrario, la naturaleza ha sido nuestra constante amiga y compañera, en la que siempre hemos confiado plenamente, a pesar de los frecuentes terremotos que asolan nuestro país.

En lo que respecta a la planta o disposición del jardín, Suzuki tiene razón: mientras que nuestros jardines, herederos del huerto de recreo persa surgido contra-y-en-el-desierto, recortado como un oasis en una planicie calcinada, con algo de agua a la que se incrementa el color mediante el efecto óptico del azulejo, son artificios de arquitectura, teoremas tendidos bajo la luz de la luna, un clima benigno permitió a los japoneses, y en cierto modo también a los chinos en algunas de sus regiones, acotar simplemente un trozo de naturaleza, respetando siempre la disposición original de su topografía. Incluso cuando son didácticos, como el jardín seco de Daisenin, en el templo de Daitokuji, construido entre 1509 y 1513, la asimetría y lo espontáneo prevalecen sobre la rigidez y el control de la vegetación. Dispuesto en escuadra, el mencionado jardín ilustra las aventuras del alma humana en el curso de su viaje terrestre. Hay en él una tortuga labrada en piedra, una cascada del mismo material, musgos y helechos. Cada roca, cada rincón es un modelo de contemplación y, al mismo tiempo, un estadio mental. A diferencia de un italiano que mirase un parterre del Renacimiento custodiado por faunos y ninfas de mármol, el budista ve en el jardín el plano de un discurrir metafísico, algo que atañe sobre todo a su interior. Un shintoísta japonés, por su parte, verá, en el mismo jardín, un fragmento del sagrado bosque original en el que viven cientos de *kamis*, deidades de la brisa, las frutas o las flores. El jardín seco, más intelectual que el húmedo, es, también, un homenaje a la voluntad artesanal de un pueblo que renace de sus desastres como la hoja del bambú tras la deglución del fuego; mientras que el jardín húmedo parece estar consagrado a la gracia y a lo leve, sin dejar de lado el culto a la fertilidad de la tierra. En el primero es frecuente ver ruiseñores, rápidos y secretos. En el segundo, parsimoniosa, camina con lentitud la garza, blanco ideograma de vigilante ensueño.

Los tríos de rocas que aparecen en los jardines japoneses a partir del período Nara (710-794) proceden sin duda de las ideas chinas acerca del concepto metafísico que la función de rey o emperador, *wang* (王) supone. Ideograma que también está en la base del arte floral o *ikebana*, indicio de armonía, el tres de este signo tiene señalados en los trazos horizontales los niveles correspondientes al cielo, el hombre y la tierra, y en el vertical que los une la «vía recta» taoísta y luego budista que supone un ascenso equilibrado, y al mismo tiempo, libre y espontáneo, en pos al nivel más alto que alcanzarse pueda. Por otra parte, estas rocas son también familias, padres e hijos, o hermanos que se incluyen en el paisaje y le obedecen para realzarlo y mejorarlo, jamás para forzarlo, a pesar de lo cual los japoneses han hecho del bonsái un arte de refinada tortura vegetal, jibarizando granados o pinos hasta tamaños prodigiosamente minúsculos. También en ello siguieron a los chinos y coreanos, produciendo en serie lo que había sido estricta creación individual de tal o cual artista. No hay que olvidar que la xilografía o grabado en madera que permite reproducir una obra de pintura es un logro japonés antes que chino. Las citadas piedras o rocas cambian de aspecto si son contempladas contra un fondo de rojas hojas de arce o bien en el momento en que nacen los primeros vástagos verdes del roble. La idea de que nada está separado, muy budista por cierto, sirve también para llevar el sentimiento estético japonés a cumbres de delicadeza difícilmente alcanzados por otros pueblos. Aunque el monje o el samurái hayan sido sólo una pequeña parte de esta esforzada raza de labradores, marineros y artesanos, la influencia que como arquetipos han dejado en su cultura es incalculable. Japón debe al primero su mejor poesía espiritual, su pintura *sumi-e*, llamada de «tinta quebrada»,[4] el arte de la meditación y la ceremonia del té; en tanto que del segundo hereda el espíritu de empresa, el sentido de la corporación, el arrojo y la temeridad.

De los dos monjes que paseaban por los jardines del Daitokuji, sólo uno había estado en el mar, sólo uno sabía nadar y había buscado perlas en su juventud. El otro, Taira, horticultor antes de dedicarse al zen, tenía de las aguas la impresión que le habían dado los lagos, cascadas y ríos. Saichō, el monje que conocía el mar, en el

[4] Lourdes Parente, *Sumi-e. El arte de la pintura japonesa*, Madrid, Las 4 fuentes, 1996.

preciso momento en que pasaban ante el jardín de arenas que un tercer monje había rastrillado esa mañana, dijo:

—Así es el fondo del mar, una quietud viva que la presión de las olas eriza y estira, curva y eleva. Así es, también, lo más hondo de nuestra vida.

Pocos pájaros acompañaban la caída de las hojas ese otoño. El gris del cielo semejaba el vientre de un pescado muerto perforado por astillas de luz. Los dos monjes intentaban resolver un *kōan* formulado la noche anterior por su maestro, pero se debatían entre monosílabos sin llegar a ninguna conclusión.

—Aquí no hay más mar que el de la mente que flota entre las rocas secas—dijo Taira, el que no conocía el fondo del mar. Procedía de una aldea cercana a Kioto.

—Allí abajo tus párpados se hinchan, los cabellos se tornan algas, la sal arde en los ojos.

—Aquí los párpados caen en meditación, la cabeza apenas se mueve, hierba de junio, musgo de mayo. Bajo la lengua la miel de la meditación segrega delicias sin fin.

En alguna parte del jardín un fruto maduro cayó sobre una piedra y al oír el chasquido de la pulpa contra el suelo, como si en ese instante hubiese comprendido el *kōan*, el monje que sabía nadar dijo:

—El mar sólo se calla mar adentro. Naranja o amarillo, abajo o arriba, el sol es siempre sol.

—Prolongación de la mano, el rastrillo es una rígida ola de madera por entre cuyos dientes lo irregular nos cura de la simetría.

—Lo profundo no se ve—suspiró Saichō, el monje que conocía el mar.

—En efecto—replicó su compañero—, lo profundo no se ve.

—Evaporado el mar—sonrió Saichō con malicia mientras señalaba el jardín de arena—, sus olas siguen aquí.

—Entrado el Buda en su nirvana—rio el otro—, su nirvana sigue aquí.

EL JARDÍN SUFÍ

Al caer la tarde, con Venus en el horizonte y el azul del cielo parecido al de una llama estática, los amigos se reunían a ensayar un arte de párpados y mohines, serenas posturas de delectación y paz. Por la mañana eran las mujeres y los niños los que recolectaban los jazmines con manos rápidas como gorriones distribuyéndolos en cestos de lustroso mimbre. Cantaban. Cantaban en la lengua de Saadi de Shiraz y de Omar Jayam:

Por cada diez mil flores,
dos gramos de esencia, amor mío.
De todos tus besos, sólo uno, fragante,
me abre el corazón.

La canción iba y venía, se enredaba en las bocas y las sonrisas como las flores trepadoras. Los visitantes, pertenecientes a la sociedad secreta llamada Los Amigos del Jazmín, escogían la víspera para caminar entre las fragantes alfombras y los suspiros del agua. En aquel Chahar Bagh o jardín cuádruple crecían otras flores y frutos, pero únicamente el jazmín los hacía callar. Sentados en pequeñas sillas de madera clara aflojaban sus ropas, entornaban los párpados y permanecían en silencio durante unas dos horas. En mayo los visitaba el ruiseñor, en julio el jilguero y en los meses más fríos la lavandera de larga y movediza cola. Cuando niños, muchos de ellos habían cantado la canción mientras recogían los delicados capullos. Otros, junto a los ardientes alambiques, habían ayudado a sus madres a destilar la esencia para la Casa Real. Entre la infancia y la edad madura las palabras de la milenaria canción cambiaban de sentido, aunque no para todos. Muy pocos, en verdad, percibían en el *sólo uno* el crecimiento de la U que expandía sus bordes hasta el infinito.

Las mismas palabras significan distintas cosas en diferentes períodos de nuestra vida y, sin embargo, todo está allí desde el comienzo, pensaban Los Amigos del Jardín. El temblor de la alberca, las hojas del recurrente y dorado otoño, el erguido ciprés, el incansable surtidor. Los amigos tenían por costumbre perderse en el parpadeo de las estrellas, imaginar que el caer de las errantes las traía allí para alojarlas entre las ramas del jazmín, lo que era interpretado como una señal ascendente que cada uno de los asistentes habituales obedecía a su manera. Tomaban algunas de las flores caídas y, sosteniéndolas en la palma de la mano, las soplaban hacia el cielo. Después, en voz baja, casi imperceptible, repetían:

> *De todos tus besos, sólo uno, fragante,*
> *me abre el corazón.*

Orgullosa, gradual, la noche los cobijaba a sabiendas de que habían cumplido su promesa de amor, su propósito místico. Cinco sentidos para cinco pétalos y un hálito de luna que en la primera chispa del sol protegería con bendiciones su secreto.

A la mañana siguiente, cuando los recolectores de flores iban a trabajar, hallaban renovada con creces su cosecha.

EL JARDÍN DE ROSAS

Tal vez no haya verso más hermoso para hablar de las rosas que el de Gertrude Stein: «*Rose is a rose is a rose*», sentencia cuya triple música, lanzada al aire como un juego tautológico, acabó por incorporarse a la ya vasta casuística poética que sobre esa flor existe. Imperecedera, es posible que la suerte de esas palabras no tenga nada que ver con el inglés y mucho con la estructura anafórica de la frase, pues es cierto que dentro de la rosa hay otra y otra y así sucesivamente, razón por la cual, en el segmento persa del islam, ocupó un lugar tan destacado, habida cuenta de que las técnicas de introspección sufíes suelen ser concéntricas. En árabe *ward* ('rosa') y *wird* ('ejercicio de reflexión') poseen la misma raíz trilítera, y, según cuenta Shah, los cristianos, al adoptar el rosario de los sarracenos, tradujeron erróneamente *el-wardia* ('el recitador, el meditador') por «otra palabra, casi la misma en el sonido original, que significaba 'rosario'».[1] De hecho, el rosario o *mala*, como se dice en sánscrito, procede de la India y ya en el *Gita* se dice que su hilo es el alma o *atma* que enhebra todos los mundos y seres. Guénon recuerda que el rosario católico se reza siguiendo un particular ritmo respiratorio y otros autores evocan—para explicar sus efectos—el origen material de este instrumento de meditación: unas bolitas de pétalos machacados *a cuyo contacto se desprende el perfume de las rosas de las que proceden.*

Dejando de lado las numerologías de los rosarios—sesenta cuentas el cristiano, noventa y nueve el musulmán—todos evocan un retorno al sí mismo y aluden al misterio de la identidad, misterio que, por otra parte, la rosa ejemplifica, entre todas las flores, de manera soberbia, por cuanto *señala un espinoso camino cuya culminación es la apertura del alma.* En efecto, la rosa es un símil de la psique, de sus inflorescencias y posibilidades aromáticas, de su belleza y secretos. En el nombre sánscrito de la rosa cósmica, *triparasundari*, la voz *sundari* derivará en

[1] Idries Shah, *El camino del sufí*, trad. de A. H. D. Halka, Buenos Aires, Paidós, 1978.

sundara ('mujer hermosa'), etimología que condice bien con los mitos occidentales que relacionan esa flor con Venus. El alma es, entonces, femenina por inmanente, zona de intersección del Espíritu en el cuerpo. La disposición de sus pétalos y también su fragilidad, amén del contraste que existe entre la rosa y otras flores, privilegió desde el principio el acercamiento de su vida vegetal a nuestro desarrollo anímico. Pero si los persas sembraron campos enormes de rosedales e iluminaron manuscritos y miniaturas de marfil con sus flores, fue la cultura occidental cristiana, de la que hablaremos más adelante, la que llevó la rosa al paroxismo de su valor simbólico.

Los botánicos sostienen que todas nuestras rosas proceden de la *Rosa canina* o escaramujo, arbusto sarmentoso de hoja caduca perteneciente a la familia de las rosáceas. Dada su ubicua fortaleza, parece obvio que sirvió como matriz de toda esa erizada y dulce belleza que vino después. Una combinación de los genes de un escaramujo,[2] de dos cepas distintas del rosal almizcleño trepador y del *Rosa gallica* de perfu-

[2] Rosemary Verey, *El jardín aromático*, Barcelona, Folio, 1984.

mados pétalos, de intenso color rosado, había dado lugar a una serie de rosales de Damasco, Gallica y Alba que produjeron los primeros aromas celestiales. Es difícil saber si fueron los griegos, los egipcios o los romanos quienes manipularon esos injertos, pues el punto culminante de la experiencia humana con rosas no se alcanzará hasta el siglo XVII, época en que los holandeses, con su habitual pasión y delicadeza, cruzando rosas Alba con Damasco de Otoño, obtuvieron la rosa de cien pétalos conocida como Provenza o *Rose des peintres*. Cuando nuestra cultura botánica creó esta maravilla, llamada *Rosa centifolia*, la jardinería alcanzó su mayoría de edad y se preparó, en su apartado de rosas, para iniciar una expansión extraordinaria.

Así pues, la transición entre los siglos XVII y XVIII y paralelamente al desarrollo de la *Enciclopedia*, obra magna del *Homo taxonomicus*, encarna el punto crucial de la historia de los rosales, pues fue a partir de 1780, en los días en que los barcos mercantes de la Compañía de Indias regresaban a Europa procedentes de China, cuando las variedades asiáticas y silvestres del rosal trepador de la *Rosa chinensis*, originario de la garganta Ichang del río Yangtsé, al cruzarse con especies autóctonas prolongaron la floración o, en muchos casos, la situaron en las tres apariciones que aún observamos en algunas de nuestras variedades. Cuatro de esas nuevas especies se llaman, aún hoy, y entre los etnobotánicos, los «cuatro sementales chinos», pues todas las ramas del cultivo del rosal existentes en 1792, dice Hugh Jonhson, convergen hacia atrás señalando una familia del *Rosa chinensis* y tres híbridos de éste y del rosal gigante o *Rosa gigantea*. Así pues, debemos a los jardineros chinos la resistencia de nuestros rosales y sólo por ese hecho deberíamos aplaudir los mestizajes culturales.

En el Zhongguo o País del Medio llaman a la rosa *mei* o *megui*. Si pensamos que en *mei* se dibuja el signo para *wang* ('rey'), junto al de *chih* ('que indica una marcha, un progreso') volvemos a toparnos con la idea de la rosa como símbolo de un *ascenso de lo inferior a lo superior*. Ahora bien, puesto que el rey o *wang* es aquél capaz de unificar los tres mundos—tierra, hombre y cielo—, la rosa será una suerte de foco de meditación para lograrlo, y eso tanto en Oriente como en Occidente. Se cree que la *Rosa alba* pasó a ser el emblema de la Virgen María alrededor del siglo XIII, cuando ya la perfumada sombra pagana que había otorgado visos eróticos a esa flor estaba lo bastante alejada del horizonte moral de la época para que sólo el alma y no el cuerpo, se viese representada en ella. Las cinco llagas de Jesús, en cambio, fueron vistas en la *Rosa gallica*, y así tenemos ya los dos colores favoritos del culto a las rosas en nuestra cultura: el blanco y el rojo, la luna y el sol, lo femenino y lo masculino, la luz y la sangre. En los parterres de los claustros se cultivaban flores de ambos colores para el culto, y su cromatología era, además, un trasunto de los colores del manto del Maestro: púrpura por fuera y albo por dentro.

En el lenguaje de la alquimia, las rosas rojas y blancas encarnan el sistema dual de la estructura psíquica, que posteriormente y ya en nuestro siglo Jung llamará *anima-animus*. Paralelamente, la combinación de la rosa con la cruz nos guía hasta la escuela rosacruz, sociedad esotérica y evangélica que, a partir del Renacimiento, asumiría sobre sí toda la corriente gnóstica que desde Alejandría vivía oculta bajo el barniz y la laca de la cultura oficial. El escudo de Johann Valentin Andreae (1586-1654), cuyos escritos establecieron las bases de la legendaria sociedad, lo conformaba una cruz de san Andrés con cuatro rosas en los ángulos. Otro emblema, muy popular y allegado a esta orden, hace surgir del centro de la cruz una rosa o bien un corazón. El nexo entre nuestro órgano cordial y la rosa, contiguo al del alma y su desarrollo floral, aparece ya en la tradición hebrea, puesto que *vered* ('rosa') se extiende en *vridim* ('venas'). En efecto, basta hacer un corte transversal al corazón para constatar hasta qué punto *la triple túnica compuesta por el miocardio, el epicardio y el endocardio* coincide con la teológica trinidad—Padre, Hijo y Espíritu Santo—a la vez que con el concepto chino de *wang* o rey, y cómo, en esa coincidencia de cortar también una rosa transversalmente, hallaríamos una fantástica homología estructural.

Los romanos festejaban en la Rosalía (entre mediados de mayo y mediados de julio) a sus muertos, pero también a sus amantes inmortales. Dionisos, dios que muere y renace, demandaba de sus fieles que se coronarán con tiaras de rosas. En el ámbito pagano, es la diosa Venus quien más cerca se halla de la rosa. Se cuenta que la rosa es hija del rocío, que nació de una sonrisa de Eros, el Amor, o bien que surgió de un cabello de la Aurora caído a la tierra. Otras historias nos dicen que Cibeles, la Diosa Madre, creó la rosa para vengarse de Afrodita, pues sólo la belleza de esa flor podía competir con la que exhibía la «nacida de la espuma». Una bella parábola rumana nos cuenta que cierto día una bella princesa se estaba bañando en un arroyo cuando, a su paso por allí, el sol, prendado por la muchacha, se detuvo durante tres días para contemplarla y enviarle calurosos besos. Como Dios se diera cuenta del peligro que corría el mundo si el sol no continuaba su ruta, para remediar la situación transformó a la princesa en rosa y obligó a su hijo, el astro diurno, a seguir su camino. Ésa es la razón por la que, aún hoy, las rosas bajan la cabeza y se sonrojan cuando el sol las mira.

Hay quien remite el *ródon* o la rosa griega a la raíz *rodanós*, algo sutil, delicado. Sea cual sea la etimología de su nombre, de uno u otro modo llegamos a los pies de su persistente misterio. Los persas llamaron a esta flor *gul*, y la obra más famosa de Saadi de Shiraz (siglo XII) es una maravilla poética que debe casi todo a las rosaledas o *gulistanes* de su país. En efecto, su *Gulistan* o *Jardín de las rosas* es una vasta y ambiciosa compilación en verso y en prosa de las peripecias de los hombres y mujeres que—*sub rosae*—buscan el desarrollo y la elevación de sus corazones. Ya hemos dicho que los derviches usan la rosa o *ward* como objeto de contemplación mística o *wird.* Aquel que, interesado en un despertar intenso de su corazón, quisiera—entre los siglos XIII y XIV—experimentar un acceso súbito al sí-mismo, podía pasearse libremente por los campos de rosas que en los mejores días de la cultura persa llegaron a superar los diez o doce kilómetros de largo por cinco de ancho. Tan enormes eran esos espacios florales que se recorrían a caballo, y en su interior acontecía, en los períodos de floración, mucho más de lo que las palabras humanas pueden expresar. Se dice de Abdul-Qadir, el fundador de la orden Qadiri, que su sobrenombre de La Rosa de Bagdad procede de la siguiente anécdota. Eran tantos los maestros místicos en los días en que Abdul-Qadir llegó a la ciudad, que, temiendo la competencia, éstos decidieron enviarle un mensaje que consistía en un recipiente lleno de agua hasta el borde cuyo significado era: «la copa de Bagdad está completamente colmada», a lo que—seguro de sí mismo—el maestro respondió cultivando una rosa en pleno invierno y depositándola en el recipiente que le había sido enviado, revelando, de ese modo, sus poderes de taumaturgo. Cuando ese signo llegó a quienes estaban estudiando en las madrasas, todos exclamaron: «Abdul-Qadir es nuestra rosa». Poco después, respetuosos, aquellos que se habían opuesto a su magisterio se apresuraron a despejarle el camino.

En Egipto y en Roma, entre los aristócratas, las rosas acompañaban las fiestas y las comidas. El pintor Alma Tadema ilustró una de esas reuniones, en la que se ve a los comensales literalmente aplastados por una lluvia de pétalos procedentes de las flores que los patricios romanos se hacían traer de Alejandría en invierno; y tan obsesiva era la pasión por el perfume y la belleza de esa flor que en no pocos casos se producían muertos por asfixia o furibundos ataques de tos debidos a la alergia que tal cantidad de enervados estambres provocaba. Ese nexo con las bacanales y los círculos de poder fue el motivo por el cual la Iglesia *reemplazó a la rosa por el lirio o la azucena* en sus altares, y sólo cuando el eco de las orgías paganas se apagó volvió a mirarla con admiración. En su rechazo del mundo y de la carne, el cristianismo no podía celebrar una flor que le había dado a la piel humana sus mejores aceites y perfumes. Transcurridos unos siglos, bien entrado el Renacimiento europeo, que por sus tendencias galantes y sensuales redescubrió las posibilidades de la rosa, Shakespeare escribió en uno de sus más famosos sonetos (LIV):

¡Oh, cuán bella belleza se aparece
si la verdad la adorna dulcemente!
Bella es la rosa, y más nos lo parece
por ese dulce olor que está presente.

Tan coloridas son las bravas rosas
cual fragante en las otras su atractivo,
tan espinosas, bailan voluptuosas
al destapar sus brotes soplo estivo.

Mas su única virtud es ser vistosas,
vacías viven y malquistas yacen,
solas mueren; mas no las dulces rosas;
de su dulce morir fragancias se hacen.

Cuando se ajen tu encanto y juventud,
destilará mi verso tu virtud.[3]

Heredero del famoso *Roman de la Rose* que de la mano de Guillaume de Lorris y Jean de Meung

[3] William Shakespeare, *Sonetos*, trad. de Bernardo Santano, Barcelona, Acantilado, 2013.

fascinó a todo un siglo, el XIII—época que a la par que recupera nuestra flor reivindica a la mujer—, Shakespeare prolongaba en esos versos un culto de corte amoroso y griálico en el que Occidente ya había agrupado a sus mejores voces. El Jardín de Amor de la caballería, donde crece la rosa mística y aguarda la mujer ideal, rescata también el valor iniciático del Grial, pues la citada flor, hipóstasis del corazón, aludía veladamente a *la copa que recoge la sangre de Jesús.* Un análisis detenido de todos esos símbolos nos permitiría ver hasta qué punto las rosas, al inducir al contemplador a entrar en su propio corazón, lo introduce por simpatía en el Sagrado Corazón del Maestro, que centenares de flores celebran, por otra parte, en el Corpus de junio, justo en medio de lo que hubiese sido una Rosalía romana.

La Iglesia, que otorgó su propio sello a tantos mitos paganos, al observar que mayo es el mes de las rosas por excelencia marianizó parte de la Rosalía haciéndola coincidir en muchos casos con la Comunión de las niñas, es decir, *con la virginidad en flor*. Para entonces ya había elevado la rosa del difuso contorno del alma humana al nítido rosetón catedralicio y dejado que, en su momento, Carlomagno las cultivara con devoción cristiana. El 11 de mayo, *dies rosae*, Roma íntegra veía las procesiones de los fieles que inundaban sus iglesias portando ramos de rosas como antaño los discípulos de Isis—cuenta Apuleyo en *El asno de oro*—, adoraban y hasta comían esas flores en prueba de su compromiso con la diosa, patrona también ella de las mosquetas o damascenas. Resulta aleccionador constatar que mientras el cristianismo es ascético en la comida y barroco en su teología, el paganismo tardío de un Lucius, personaje de Apuleyo, sensual en lo cotidiano y sobrio en sus ideas, lo impulsa a comer una corona de rosas rojas para recuperar su condición humana tras haber sido transformado en asno. No fue ni será la última vez que esta flor actúe como símbolo de iniciación. Es posible que, tanto en Oriente como en Occidente, la rosa nunca deje de sintetizar entre sus pétalos ideas de sensible espiritualidad. Sin embargo, ya hemos dicho que fue la tradición europea la que elevó esa flor al máximo de su esplendor emblemático. Desde la Alta Edad Media y hasta el siglo pasado existió la Orden de la Rosa Dorada,[4]

[4] Rosamond Richardson, *El libro de las rosas*, trad. de Marcelo Cohen, Palma de Mallorca, Olañeta, 1988.

conferida por el papa a personas, ciudades o comunidades que se destacaran por su devoción a la Iglesia. Tenemos constancia de que afamados orfebres urdían ramos o pequeños rosales (que, por lo general, no sobrepasaban los cincuenta centímetros de altura) en láminas de dorado esplendor. Tal obsequio poseía un valor intrínseco formidable, pues a la vez que aludía a la fragilidad de la vida daba cuenta de sus valores luminosos, pasibles de ser despertados por el Cristo interior. La entrega advertía a quien recibía tan precioso bien acerca de la inmortalidad del alma o, por lo menos, lo hacía acreedor al don de florecer como una rosa radiante reconociendo en su apertura al Creador de su luz.

Si las rosas no existieran, si el mismo lenguaje del amor no pudiese expresar sus sentimientos, los poetas la habrían inventado para colmar y calmar los ánimos de nuestra especie. La lista de quienes le consagraron versos es casi tan extensa y variada como los híbridos de la misma rosa que pueblan nuestros jardines. Destaquemos a uno que las amó y cantó con singular maestría, Juan Ramón Jiménez. Refiriéndose al contacto entre dos bocas humanas el poeta anotó:

En aquel beso, tu boca
en mi boca me sembró
el rosal cuyas raíces
se comen el corazón.

EL JARDÍN DE LOS FILÓSOFOS

Dom Pernety escribe en su *Diccionario mito-hermético*:

> Árbol es también el nombre que los filósofos han dado a la materia de la Piedra Filosofal porque es vegetativa. El Gran Árbol de los Filósofos es su Mercurio, su Tintura, su Principio y su Raíz. Otras veces es la obra de la Piedra [...] El Cosmopolita, en su *Enigma dirigido a los Niños de la Verdad*, explica que fue transportado a una isla ataviada con todo aquello que la naturaleza produce de más precioso, y entre otras (cosas) dos árboles, uno solar y el otro lunar, es decir, que uno de ellos produce Oro y el otro Plata.[1]

Tras esta reflexión que nos indica una movimiento hacia un eje, una feliz *coincidentia oppositorum*, la del tiempo (lunar) que debe descubrir su realidad luminosa eterna (solar) en

[1] Dom Antoine-Joseph Pernety, *Diccionario mito-hermético*, trad. de Santiago Jubany, Barcelona, Indigo, 1993.

un espacio individualizado, el de la isla, Pernety agrega que Árbol de la Vida es:

> Nombre que los Filósofos Herméticos han dado, en ocasiones, a su Mercurio, pero con más frecuencia a su Elixir, porque entonces es la Medicina de los tres Reinos o su Panacea Universal que resucita a los muertos, es decir a los metales imperfectos, a los que eleva a la perfección de la plata si es el blanco, y al oro si es el rojo.

Cuando el poeta Goethe anotó en su *Fausto*: «Gris es toda teoría, y verde y dorado el árbol de la vida», estaba haciéndose eco de un arquetipo de larga data a la vez que planteaba, dentro del gran organigrama de su pensamiento, que el grado máximo de armonía viviente es vegetal antes que animal, hijo de sus nexos antes que de su libertad y dinamismo, vertical en su aspiración antes que horizontal en su dinámica. El árbol que él considera verde y dorado es una secreta y premonitoria visión del proceso de fotosíntesis, llevado a cabo por una estrella amarillo dorada de intensidad media—el sol—sobre las hojas y el manto vegetal, origen de la vida en nuestro planeta. Gris, gris mineral, por bella que sea una teoría tiene algo de estático e inerte, y por eso, en el fondo, no nos satisfacen los números y las ideas tanto como un elástico, fragante y verde follaje bajo cuyas sombras reposamos nuestros cuerpos. Aspirando al cielo a través de su copa, sujetando el infierno por sus raíces, el árbol tiene en el tronco un modelo preciso de la tierra como espacio medio, como puente. El árbol, pues, es el gran articulador de estratos y niveles, el modelo más acabado de síntesis orgánica.

Todas las culturas y pueblos de la Antigüedad han venerado un árbol determinado. Así, por ejemplo, para los celtas, la encina era sagrada y sus bellotas se comían ritualmente. Los escandinavos veían su árbol mágico en el fresno; los pueblos germanos veneraban el tilo; en la India reverenciaban la higuera o *ficus religiosa*; los hebreos y los árabes, la palmera, y para los chinos su inmenso país tenía tres amigos predilectos: el bambú, el ciruelo y el pino. A su vez, estos Tres Amigos, que así se los llamaba, aludían a la flexibilidad, la belleza y la verde lozanía, tres de las cualidades que el taoísmo consideraba indispensables para vivir una vida sana y longeva. Por su capacidad para unir los tres mundos o niveles: *el subterráneo, terrestre y celeste*, el árbol se constituye también como eje, *axis mundi*, razón por la cual los indios norteamericanos de las llanuras, al confeccionar sus viviendas o tipis, erguían en el centro un tronco de abedul o de abeto como pilar cósmico en torno del cual giraban, por encima, las estrellas y, por debajo, los rituales de los seres humanos.

Siglos después de haber establecido la cruz como su emblema de identidad, y basándose en un pasaje del Apocalipsis (22, 14), los cristianos la identificaron con el Árbol de la Vida, pintándola, a lo largo y ancho de la Edad Media, *verde y con los cantos rojos*, asumiendo así una polaridad cromática de extraordinaria veracidad al mismo tiempo que culminando un proceso imaginario en el que la Biblia se hallaba inmersa, por lo menos, desde los primeros salmos en relación a la figura del Árbol de la Vida, pues si éste había devenido cruz *por el misterio de la encarnación, la cruz, a su vez, debido a su fuerte connotación resurrectora tras la inevitabilidad de la muerte, se había convertido en árbol viviente dispensador de toda clase de gracias y alimentos anímicos*.

Aquellas tradiciones que conservan la idea de un Árbol de la Vida y un Árbol de la Muerte, reflejan—a decir de los entendidos—una muy antigua creencia relativa a lo lícito o lo prohibido en el orden alimenticio, creencia que el tiempo deformó o transformó a su gusto. De tal manera que en el libro del Génesis ese Árbol de la Muerte es, en realidad, el de la dualidad o Árbol del Bien y del Mal. Mientras que viviente será todo aquello que, en su esfuerzo de síntesis, trascienda la polaridad incorporándola a una jerarquía más elevada, mortal es todo proceso de disolución que separa los elementos de un cuerpo o una entidad cualquiera, para reintegrarlos a una nivel más bajo que aquél en el que se encuentran. Entre los clásicos confucianos el árbol era además símbolo de venerable respeto por la ancianidad, marca de persistencia, muestra de continuidad ininterrumpida a la vez que fidelidad al suelo del que se brota. El ideograma que lo nombra y refleja, *mu* (木), es también el que señala la madera.

En tanto que los árboles terrestres siguen un orden progresivo que va de la semilla al fruto, de lo pequeño a lo grande, los árboles celestes o míticos (aparecen invertidos), proceden de alguna estrella o sol remoto que, al expandirse en enjambres de luces y partículas encendidas, se ramifica a ras del horizonte. Por ejemplo, un pasaje de las

Upanishads da cuenta de un árbol cósmico llamado *asvattha* cuyas raíces están en el cielo y cuya copa frota la tierra. Ese árbol es un modelo de Brahman, el Ser Supremo, que procede de lo invisible a lo visible, de lo inaudible a lo audible, y cuyas ramas y hojuelas—dice el citado texto—son los himnos y las plegarias que entonamos. Por su parte, para la Kábala zohárica del siglo XIII, el «Árbol de la Vida se extiende desde lo alto y hacia lo bajo y el sol lo ilumina enteramente». Una hermosa página sánscrita de las *Upanishads* agrega:

El Árbol de la Eternidad tiene sus raíces en los cielos, y sus ramas se adentran en lo profundo de la tierra. Es Brahman, el Espíritu puro, quien con razón es llamado el Inmortal. Todos los mundos descansan sobre ese Espíritu y nadie puede ir más allá de él [...] Mucho más allá del alcance de la visión, no puede ser visto con ojos humanos; pero puede conocerse con el corazón y la mente, y quienes le conocen alcanzan la inmortalidad.[2]

[2] *Upanishads*, ed. de José Manuel Abeleira, trad. de Juan Mascaró, Barcelona, Penguin Clásicos, 2015.

Tal vez no sea casual que los *ashuins* o «hijos del sol» se alimenten espiritualmente de ese árbol, el *asvattha*, así como los kabalistas se alimentan del Árbol de la Vida o *Etz Hajaim*.

En la mitología nórdica existe un árbol llamado *yggdrasil* que, hundiendo sus raíces en el corazón de la tierra, extiende su copa por la totalidad del cielo. Existen infinidad de cuentos populares en los cuales las raíces de los árboles guardan preciosos tesoros protegidos por dragones y serpientes—obviamente retorcidas como aquéllas—, tesoros que, en definitiva, hablan del *sí-mismo* y cuyos valores ocultos, al ser descubiertos, *reintegran* las distintas partes de la personalidad buscadora. Entre los kabalistas el árbol o *etz* es, por su guematria o valor numérico, equivalente a *tzelem*, la imagen suprema, el modelo más íntegro de perfección espiritual, verdad que, humanamente hablando, puede hallarse también en lo que cada una de las dos letras de árbol, *etz*, propone a la otra: ע, *ain*, 'el ojo' frente a *tzade*, צ, la justicia, señala una tendencia a la rectitud, un deseo de verticalidad. Justo es el ojo habituado al árbol. Justo es el *bodhisattva* bajo la higuera sagrada, justo el druida que predica y poetiza junto al roble; justo el mago persa ante el ciprés. Y justo es, por fin, aquel del cual el Salmo 92 dirá que «florecerá como la palma».

Por otra parte, y en el pensamiento de nuestra especie, diferentes opciones imaginarias determinan los árboles según sean caducifolios o de hoja perenne, pues las hojas que se marchitan, mueren y desaparecen pero no tardar en volver, aluden a la muerte-y-resurrección, mientras que las perennes aluden a la inmortalidad.

Filón de Alejandría, un filósofo del siglo II, pensaba que el Árbol de la Vida estaba en el corazón del hombre, y siguiendo una idea semejante el *Libro de la claridad* o *Bahir* consignará que la palmera simboliza la columna vertebral del hombre, su pilar esencial. Siendo así que la palabra *lulab* contiene las letras *lámed-bet* más un pronombre posesivo de tercera persona, *lo*, hay que ofrecerle el corazón al Creador, *lo leb*. ¿Y qué significan—prosigue el *Libro de la claridad*—las consonantes *lámed-bet*? Aluden a los misteriosos treinta y dos senderos de la sabiduría, delicadamente ocultos, que confluyen en el corazón y cada uno de los cuales está regido por una forma especial, de las cuales se dice en el Génesis (3, 24): «Para guardar el camino del Árbol de la Vida». Esta idea fundamental, por otra parte, se encuentra también en Proverbios (3, 18), donde se compara el Árbol de la Vida con la sabiduría. «Ella—anota el citado pasaje la sabiduría—es Árbol de Vida para quien la consigue». El estudiante, entonces, el explorador psíquico, irá, descubrimiento tras descubrimiento y hoja tras hoja, *fotosintetizando luz*.

En su precioso libro *Introducción a los símbolos*, Champeaux y Sterckx escriben:

> El esquema general y natural del templo es el paisaje elemental constituido por la colina o el *tumulus* con su gruta; las piedras, el árbol y el manantial, pues tales fueron, en los comienzos, los bosques sagrados: sitios de meditación y recogimiento. El *locus* de los romanos y el *alsos* de los griegos. Cuando, más tarde, nació la arquitectura, el templo se convirtió en una casa, y sus componentes minerales y vegetales se traspusieron para constituir los elementos mismos del edificio. Mientras el recinto, virtual o rudimentario, se convertía en los muros, los árboles se transformaban en pilares, la piedra venía a ser el altar, la gruta daba nacimiento al nicho o ábside y el techo era asimilado al cielo. Esa curiosa analogía entre la catedral y el bosque, entre sus columnas de piedra y los abetos y pinos ritualizados por los siglos, no es privativa de la tradición cristiana: en el islam, ciertas mezquitas como la de Cór-

doba traducen en términos arquitectónicos un *palmeral y un oasis*, constituyéndose como sitios de refugio cultural que evocan paisajes primordiales y felices.[3]

Probablemente todas las especulaciones kabalísticas en torno a la imagen del árbol sefirótico provengan del pasaje de Oseas (14, 9) que dice: «Por mí, que soy como ciprés, siempre verde, recogerá él sus frutos», frase en medio de la cual el árbol mencionado, *berosh*, es motivo de admiración por estar siempre verde. Que se trata de un árbol al que se pude acceder explorando los secretos en silencio lo sabemos por su numerología, que equivale a la de labrar y callar (*jarash*). Si, apelando a lo que la Kábala denomina *tziruf* o permutación de una letra por otra, en este caso la *vav* por *alef* (ו por א), leemos *berosh*, en la cabeza, sabiendo que nuestras dendritas neuronales son, en realidad, «pequeños arbolitos», llegamos a la conclusión de que el Árbol de la Vida también podría verse reflejado en *la sección medial del vermis cerebeloso*, llamada, precisamen-

[3] G. de Champeaux y D. S. Sterckx, *Introducción a los símbolos*, trad. de Abundio Rodríguez, Madrid, Encuentro, 1984.

te, así: árbol de la vida. Grimm, el genial antólogo y filólogo alemán, examinando las voces teutónicas que significan templo, ha observado que provienen de viejas denominaciones para bosque natural, de tal modo que entrar en el templo es, en realidad, entrar en el bosque de nuestras propias neuronas, las cuales contienen el vibrante mensaje de las ondas alfa o alef (א).

El culto, la veneración de los árboles y del ciclo vegetal, procede del descubrimiento de la agricultura en el Neolítico, aunque mucho antes, en nuestra época de nómades recolectores, admiráramos su belleza y nos aprovecháramos de sus frutos. En la transición de lo nómade a lo sedentario, del cazador al agricultor, *el árbol es contemplado en todo su ciclo vital y, al descubrirse el poder de sus semillas bajo tierra, se revela también la ventaja de asistirlo, cuidarlo y permanecer junto a él.* Escribe Mircea Eliade:

Si los huesos y la sangre [en el mundo de los cazadores] habían representado hasta entonces la esencia de la sacralidad de la vida, en adelante [a partir de la agricultura] ésta tomará cuerpo en el esperma y la sangre [...] Teniendo en cuenta que las mujeres desempeñaron un cometido decisivo en la domesticación de las plantas, se convierten en propietarias de los campos cultivados.[4]

Una leyenda china consigna que:

En el mismo centro del universo—allí donde debería estar la capital perfecta—se alza un árbol maravilloso que reúne nueve fuentes con nueve cielos, y las religiones inferiores del mundo con lo más elevado del cielo. Lo llaman el Árbol erguido (Kien mu), y de él se dice que a mediodía nada de lo que se alza a su lado perfectamente recto *proyecta sombra*.[5]

Aquí el árbol es visto, nuevamente, como *axis mundi*. Tampoco el luminoso árbol de Navidad se escapa a esta imagen de lo que carece de sombras.

En su libro de botánica oculta, el antropósofo Julius se pregunta:

¿Qué es, pues, aquello que llamamos el contenido vital de una planta? El resultado, la consecuencia de

[4] Mircea Eliade, *Historia de las creencias e ideas religiosas*, trad. de Jesús Valiente Malla, Barcelona, Paidós, 1999.

[5] Marcel Granet, *La pensée chinoise*, París, Albin Michel, 1968. [Existe traducción en español: *El pensamiento chino*, trad. de José Manuel Revuelta, Madrid, Trotta, 2013].

la lucha entre la idea y la materia; la objetivación gradual de la idea en la materia a la vez que su paulatina idealización. Mientras crece y florece la planta, la idea vence a la materia; cuando la planta envejece, la idea se desvigoriza hasta extinguirse por completo con la muerte, momento en el que sólo reina la materia.[6]

La idea del árbol representa, por ello, la síntesis modélica de todas nuestras tendencias vitales, la manera en que éstas recogen sus dispersiones y anudan sus propósitos, de ahí que la Biblia compare al justo con el Árbol de la Vida o *Etz Hajaim*, cuya figura se torna, con el tiempo, igual que la imagen del árbol, uniendo lo variable con lo constante, memorable, *zjur*. Sin saber que la Kábala conocía desde antiguo esa concepción, Atahualpa Yupanqui, el cantor y folclorista argentino, escribió: «El árbol que tú olvidaste todavía se acuerda de ti».

«Sin cesar—escribió el poeta André Suarès—, el árbol toma impulso y estremece sus hojas, sus

[6] Frits H. Julius, *Metamorfosis. Claves para la comprensión del desarrollo vegetal y de la vida humana*, trad. de Matilde Kersten Costerus, México D.F., Antroposófica, 1978.

innumerables alas». Sólo que no se trata de un vuelo desprendido sino *in situ*. Arraigado en la tierra que lo ve nacer. Bachelard anota:

> El hombre, como el árbol, es un ser en el cual unas fuerzas confusas vienen a ponerse en pie [...] La vida vegetal, si está en nosotros, nos da la tranquilidad del ritmo lento, de su gran ritmo tranquilo. El árbol es el ser del gran ritmo, el verdadero ser del ritmo anual. Es el más claro, el más exacto, el más seguro, el más rico, el más exuberante en sus manifestaciones rítmicas. La vegetación no conoce la contradicción. Llegan las nubes para contradecir el sol del solsticio. Ninguna tempestad impide al árbol verdecer a su hora.[7]

A ese gigantesco pulmón externo que es cada árbol le corresponde, en nuestro interior, el árbol bronquial. Mientras que, generoso, el árbol desprende oxígeno por sus hojas, atento y solícito nuestro pulmón lo absorbe a través de la red de bronquios, bronquiolos y alvéolos que integran un modelo inverso y a escala reducida del

[7] Gaston Bachelard, *El aire y los sueños*, trad. de Ernestina de Champourcín, México D.F., FCE, 1958.

gigante exterior. El árbol tiene, pues, una actividad centrífuga en relación al oxígeno, mientras que la nuestra es centrípeta. El mundo vegetal íntegro parece regido por la ley de la *endotermia* o calor interior, en tanto que en la esfera de lo animal—a la que pertenecemos como especie—, domina lo *exotérmico*. Quizá por esa causa, y en las técnicas de meditación de todas las culturas y países, se intenta regresar de *lo exotérmico a lo endotérmico sometiendo durante ciertos períodos la libertad animal a la paz vegetal, la inquietud dinámica espacial a la serenidad estática de un tiempo que busca detenerse o, por lo menos, atenuar la velocidad de su curso.* No pudiendo ser enteramente árbol, el ser humano sueña que, por las hojas de sus verdes actos, puede crecer hasta el más alto cielo de su comprensión.

EL JARDÍN DE LAS CIGARRAS

En las inmediaciones de jardín de coníferas cerca de Iguazú fui sorprendido por tres transparencias. Una, la de la carcasa vacía de una cigarra gigante; otra, la de las alas superiores de una mariposa que la gente de la región llama «a través» y cuyo nombre científico es *Haetera macleannania*, y la tercera la del agua que, vertical, gozaba en la cascada de su propio estruendo. La primera transparencia era múltiple y enjoyaba, en su procesión de pieles crujientes, los altos troncos silenciosos. Destellaba en un cementerio que había sido, también, una gran incubadora. Allí la penumbra narraba una historia de abandonos y savias detenidas. Hubo una eclosión de élitros y una detención de brisas sin que ningún pájaro se aventurase en la oscuridad para picotear a gusto. La segunda transparencia, la de la mariposa a través, pertenecía a la familia de las satirinos y amaba, de los crepúsculos, las anchas puertas que la luz le abre a la noche. Su vuelo semeja una travesía de almas entre dos encarnaciones, una oscilación de sueños nuevos entre ramas añosas.

En cuanto a la transparencia de la cascada, una mezcla de hilaridad y adioses fríos se precipitaba con fuerza dejándonos la certeza de que el agua nunca es más feliz que cuando puede superar su acostumbrada horizontalidad. Iba a ser río, iba a ser corriente díscola entre piedras oscuras. El agua iba ser remolino y acariciadora de juncos, tumba de ahogados y nodriza de peces y batracios. De las tres transparencias dos eran tan silenciosas que a su lado el silencio mismo parecía tener cierta opacidad. Las tardes que las cigarras habían taladrado con sus estridencias yacían ahora transformadas en agujas vegetales a los pies de los árboles, las flores que la mariposa a través había visitado se preguntaban cuándo volvería, pero la ruidosa transparencia de la cascada no oía nada, poseída como estaba por su vértigo de tenues vapores. Me acordé de que para los clásicos chinos la transparencia o *touming* es una de las aspiraciones del hombre noble, aquel que está en el mundo para trenzar sus bellezas y no para desgarrar sus nexos. Me acordé de que al establecer un continuidad entre el adentro y el afuera la transparencia remarca la ilusión del límite, y entonces ocurrió algo inesperado, una sacudida sincrónica dejó una sinapsis nueva en mi cerebro.

El camino invisible trazado entre la crisálida abandonada, el vuelo de la mariposa a través y la cascada dibujó la palabra amor con sílabas de aire. Los tesoros del mundo susurran en voz baja su deseo de ser encontrados. Dicen: el mapa para hallarnos está compuesto de hojas, alas y suspiros, escamas prismáticas y espumas más blancas que el alba. No hay cofres que no sean estrellas y estrellas que no sean pupilas humanas abiertas de par en par. Cada buscador descubre un microscópico punto de ese mapa, el espacio donde su pie comienza a flexionar su senda.

Coleccionar analogías no nos hace más felices, pero percibir transparencias concede melodía a nuestros latidos.

EL JARDÍN HOLOGRÁFICO

En la década de 1930 decía el surrealista André Breton que hay un punto en el que lo visible y lo invisible, lo real y lo fantástico, lo actual y lo remoto se tocan. Mucho después será el jesuita Teilhard de Chardin quien en su concepción del *punto omega* esboce la idea de una posible—y a su juicio deseable—cristificación de la materia en la que confluiría todo el saber contemporáneo, de tal modo que, eventualmente, el ser humano llegaría a formar la noosfera, una capa espiritual compartida semejante a la atmósfera y paralela a ésta, respirando bajo la cual el bien sería tan obvio como innecesario de predicar. Cuando eso ocurra, pensaba el jesuita, la humanización del Espíritu será tan grande e inevitable como la espiritualización del hombre.

Lo cierto es que no fue hasta la década de 1950, con el descubrimiento de la doble hélice del código genético, que empezamos a entender las posibilidades contenidas en ese punto potencial, por cuanto la teoría celular que surgió del hallazgo del ADN no hizo más que redescubrir una vieja idea de la Kábala ancestral: la que sostiene que *en cada punto del universo están contenidos todos los demás puntos, pues la parte es el todo y el todo es la parte*. Tal idea kabalística está basada en el vocablo hebreo *ta* (תָּא), constituido a su vez por la primera y la última letra alfabética y considerado desde siempre el instrumento con el cual el Creador—piensan los sabios hebreos—forjó el mundo. Pues para la Biblia el universo *es un hecho primero vibratorio y luego verbal que está codificado, es decir, que responde a un orden intrínseco que podemos llamar, sin dudar un solo instante, sabiduría*. Hoy sabemos que en lo biológico al menos *cada célula de nuestro cuerpo contiene la información del cuerpo total*, o sea que la parte *es* el todo y el todo *es* la parte.

En perfecta sincronía con lo anterior, la física atómica de la misma época se topaba con un fenómeno semejante. En *El tao de física*, F. Capra escribe:

La teoría cuántica ha revelado la unidad básica del universo. Ha mostrado que no podemos descomponer el mundo en las unidades más pequeñas existentes independientemente. A medida que penetramos en la materia, la naturaleza [...] aparece como una complicada telaraña de relaciones existentes entre las diversas partes del conjunto.

Por último, el hecho de que todo lo anterior es cierto fue demostrado taxativamente por el ingeniero Gabor, su descubrimiento del rayo láser y el holograma que con él puede hacerse, pues tal como indican Pribram y Ramírez:

... a diferencia de la fotografía, en la que cada punto del objeto se corresponde con uno de la placa, cada punto de un holograma recibe *la información total, es decir toda la imagen*. Así, y por más que se divida al holograma en cuantas partes se quiera, siempre que se proyecte un rayo láser sobre uno de dichos fragmentos holográficos *se reconstruirá la entera imagen del objeto proyectado.*[1]

Para la Kábala—de donde sin duda nace la idea posterior del cuerpo crístico—, cada letra al-

[1] Karl H. Pribram y J. Martín-Ramírez, «El funcionamiento holonómico del cerebro», *Revista Latinoamericana de Psicología*, vol. 13, n.º 2, 1981.

fabética u *ot* (אות) contiene el fin y el principio de todas las demás, así como cada sefirá del Árbol de la Vida contiene a los nueve restantes. Todo está en todo, pues el espíritu es la materia en su momento de mayor transparencia o energía.

Una antigua leyenda judía del rabí Samuel Ben Moisés Shalom de Kremnitz (s. XVII) dice que la luz emitida en los comienzos de la Creación no era la misma que la proyectada por el sol, la luna y las estrellas. Pues la luz de aquel primer día era tal que hubiera permitido al ser humano *abarcar al mundo de un extremo al otro de una sola mirada*. Mas, como, tras su creación, el hombre resultó indigno de su Creador y fue, por ello, incapaz de gozar de la bendición de una luz semejante Dios la ocultó. Sin embargo, en el mundo por venir (es decir, en el futuro), reaparecerá en toda su gloria para disfrute de los seres piadosos. De hecho, algo de esa luz resplandece ya sobre los justos en el séptimo día, y esa luz recibe el nombre de alma adicional.

Alma adicional, cuerpo crístico, mente única ¿llegaremos alguna vez a morar en concordia, reemplazaremos el desastre por la armonía? De nosotros depende.

EL JARDÍN DEL ALMA

Basándose en la idea de que *cada alma humana es un huerto o jardín a cultivar*, tomada de la cita bíblica de Jeremías (31, 12): «Y será su alma como jardín regado [*ke-gan ravéh*]», los kabalistas hebreos, siempre tan meticulosos en la lectura de la Biblia, derivan de la voz *ke-gan* la expresión *ganjá*, 'tu jardín', mediante la conversión de la letra *caf* del principio en la *jaf* final. Es decir, que cada uno de nosotros, cada ser humano, tiene en su alma la posibilidad de hacer crecer, cuidar y prosperar un huerto, esto es, un sitio fértil de polinizaciones cruzadas que el mismo trabajo de estudio propone y fomenta.

Pero ¿qué es, en esencia, un *gan* o jardín? Desde el punto de vista numérico es el equivalente de *he-jil*, 'dar a luz, parir mediante un temblor, una vibración'. Esta virtud creadora, materna, del alma, era conocida en la Edad Media cristiana y también en el Renacimiento como *anima mundi*. El microcosmos humano como reflejo del macrocosmos divino. Lo curioso es que en ese cultivo, en esa labor, se alcanza, con el tiempo, la *haganá*,[1] es decir, la 'defensa', cierta y palpable protección espiritual que empieza y termina en las aspiraciones y espiraciones y respiraciones que produce la doble *hei* (ה גן ה). Al mismo tiempo, si en lugar de leer el jardín, *hagan*, leo *ganáh*, obtengo un brillo, un alumbramiento venusino, es decir, amoroso.

En cuanto a la expresión regado, asistido por agua—que figura en Jeremías—, o sea *ravéh*, ésta se convierte, por su cifra secreta, en *reí*, el espejo, de donde y en la medida en que cultivemos nuestra alma como si de un huerto se tratase, ésta tendrá la propiedad de reflejar la belleza del mundo como un *locus* o lugar paradisiaco. La iluminación o *heerá* (הארה = 211) no será, en ese caso, algo diferente de nuestro mirar cotidiano, ya que en cada cosa y en todo observaremos las maravillas que hace el Creador en su Creación. Que ni son pocas ni son agotables. Por otra parte, Jeremías asegura en el pasaje citado que en el momento en que el alma sea efectivamente un jardín, se

[1] El valor numérico de *haganá*, 'protección, defensa' equivale al de *lahab adonai*, 'llama divina, fuego de Dios'.

acabará o *no se agregará más dolor*. Aquí la expresión *deabáh*, 'dolor o pena' (דאבה), puede convertirse primero en un *hed ab*, un eco del Padre, siempre justo y didáctico, para acabar dibujando, por fin, al *oheb*, amante u enamorado que cada uno de nosotros es en relación al Amado.

Es preciso recordar que todo jardín es un *locus amoenus*, un espacio amoroso en el que lo diverso converge y lo dual se unifica. Dice Ramon Llull en su *Libro del amigo y del amado*:

Preguntaron al Amigo: «¿A dónde vas?». Y respondió: «Voy a mi Amado». «¿De dónde vienes?». «Vengo de mi Amado». «¿Cuándo volverás?». «Estaré con mi Amado». «¿Cuánto tiempo estarás con tu Amado?» «Todo el tiempo que estarán en Él mis pensamientos».[2]

El estado original del alma es de por sí paradisiaco, beatífico, y de lo que se trata es de recuperarlo a través del estudio y de la meditación. Co-

[2] Ramon Llull, *Libro del amigo y el amado*, trad. anónima de 1749 revisada y adaptada por Raúl Alonso, Alcoy, Cántico, 2011.

menta al respecto Valmiki, el primer y más grande poeta hindú que escribió en sánscrito:

> Cuando se ve el universo correctamente, no es sino Atman y beatitud; pero, si se lo ve incorrectamente, aparece como un mundo lleno de sufrimientos. Aquel cuya alma tiene la cognición del mundo, sufre; pero para aquel cuya alma tiene la cognición de Atman, el mundo es un jardín de felicidad.[3]

Los diccionarios definen este *Atman* sánscrito como el Sí-Mismo, el Ser, la parte inmortal del ser humano. En pali, otra lengua de la India, *attâ* es el Ser Supremo, y *man* el acto de pensar, en tanto que *manas* es el pensamiento mismo, la mente, la razón, el reconocimiento. Por lo tanto ver al Atman supremo será hacerle lugar para que Él se piense en nosotros o desde nosotros.

[3] Valmiki, *El mundo está en el alma*, trad. de Alejandro Corniero, Madrid, Taurus, 1982.

EL CLAUSTRO, LA MEDITACIÓN Y EL REGRESO AL ORIGEN

De la definición que da del claustro el lexicógrafo Covarrubias en el siglo XVII es fácil inferir que ya en esa época había pasado del patio cercado de la iglesia o catedral a la universidad, dejando de ser, en la mayoría de los casos, un lugar de reclusión metafísica para convertirse en un espacio de discursos sobre la física del mundo, conservando, sin embargo, su relación primigenia con el estudio, la meditación y, sobre todo, el recogimiento. Un recogimiento cuyos precedentes, en el ámbito cristiano, se hallan entre los esenios y los terapeutas, pues tanto unos como otros constituían comunidades monásticas de ascetas judíos que buscaron el desierto y la soledad—en las inmediaciones del Mar Muerto en el primer caso y en el delta del Nilo en el segundo—para dedicarse a lo que Filón definió como *bíos teoretikós* o *vita contemplativa*. A espaldas del mundo exterior y de su cronología, estos monjes o meditadores no vivían su encierro como una prisión sino como un privilegio, la inscripción en un espacio sagrado sobre el que soplaba, con frecuencia, el hálito de la eternidad.

Desde el punto de vista tradicional de la Kábala, esas zonas cerradas o protegidas para cultivar en ellas el arte de la meditación están en concordancia con el nivel más elevado del Árbol de la Vida que lleva el nombre de mundo de la emanación. Reflejo de un estrato del ser en el que todo lo que ocurre, como en el *wu wei* del taoísmo chino, sucede por sí mismo, sin esfuerzo aparente y con el estilo de una sobria ebriedad, la armonía del cosmos se deja sentir allí en cada uno de los gestos humanos que lo expresan, reglados por sus horas de canto, rezo o silencio. Exactamente como ocurría en el Paraíso, del cual el claustro cristiano intentara ser un remedo, el kabalista o terapeuta que busca ese elevado *locus* se propone escuchar la energía ígnea del universo, la música del cielo. Trabajar poco y admirar mucho.

El origen del cielo es el fuego, el de la atmósfera el aire, y el de la tierra el agua: el fuego sube, el agua desciende y el aire es la regla que establece el equilibrio entre ellos.[1]

[1] *Séfer Yetzirá. El Libro de la Creación*, trad. de León Dujovne, Buenos Aires, Sigal, 1966.

Estas palabras del *Séfer Yetzirá* aluden a las letras madres del alfabeto místico: la *alef* א, la *mem* מ y la *shin* ש. Esta mención presocrática, elemental, nos da una idea bastante ajustada de las cuatro partes del Árbol de la Vida, la primera de las cuales lleva el nombre de *atzilut*, que también abarca el nivel aéreo del esquema sefirótico.

La Kábala sostiene, entonces, que aquellos que operan en este espacio de privilegio son los llamados aristócratas del espíritu o *atzilim*. Ellos son los auténticos seres-metáfora, *melitsim*, los mediadores entre lo invisible y lo visible. Tal es el nombre, por otra parte, que los Evangelios dan a Jesús por boca de san Pablo en 1 Timoteo 2, 5: «*et mediator Dei et hominum*». Se trata, por lo visto, de una mención con múltiples sentidos, uno de los cuales es, por supuesto, el que alude a la meditación misma, al estar en-medio-de-las-cosas-y-los-seres. El justo, recordemos, se posiciona ante el fiel de la balanza y busca equilibrar siempre los extremos. Asimismo el monje en su claustro se considera un puente entre los bordes del firmamento y las honduras terrestres. Un eje por el que pasa el fluido sensible del éxtasis.

Mientras que al fuego le corresponde el pensamiento puro, al aire la palabra emitida, al agua la forma y a la tierra el volumen, se supone que los *atzilim* operan, sobre todo, en este primer nivel del ser. Se alimentan de vibraciones, de música y su velocidad emula la de la luz. Pero como la luz total es inaccesible, están desde la sombra o *tzel* junto al *etzel* o Infinito (א) la mayor parte del tiempo posible. Éste es el campo de trabajo de los estudiantes y los reflexivos, los místicos y los soñadores, quienes viven con mayor intensidad la contracción que la dilatación; la concentración que las expansiones de la vida profana; la Sabiduría y el Entendimiento, segunda y tercera sefirots o esferas del Árbol de la Vida respectivamente, que la Belleza o el Fundamento, la sexta y novena.

Geométricamente hablando, la zona de la emanación se corresponde con el punto, y quizá por ello el espacio trivial, el mundo usual de las seis dimensiones, sea para él casi irrisorio, en tanto que la búsqueda de su centro o la perspectiva de una existencia plena de sentido constituyan una aventura intransferible. La Kábala insinúa que en cada punto o *nekudá* acerca del cual se medita hay una limpieza o *niká* que llevar a cabo, un trabajo de purificación que consiste, ni más ni menos, que en transformar cada fragmento de realidad en un refugio o nido para el Espíritu, un *ken* en el que pueda oírse, si uno está atento, el eco o *hed* del juicio superior, *dan*. Esa tarea debe emprenderse provisto de la más grande de las humildades, de un dejar hacer que es, precisamente, aquello que mejor caracteriza a la emanación.

Existe un notable fragmento del *Zohar* o *Libro del esplendor* que da cuenta de lo que ocurre en ese espacio de naturaleza superior. En él, Simón Bar Yohai dice:

Aquí, en el retiro más misterioso, hacia el cual todas las almas se esfuerzan, se halla la clave. La luz que sale de aquí irradia en todas direcciones. Delante de mí está el Santo de los Santos (en el que estaba ubicado el *arón ha-kodesh* o el Arca de la Alianza); delante de mí descendió una cortina y me dijeron que detrás de esa cortina permanece la semilla de la vida y que parte para los mundos inferiores por medio de un río cuyas aguas nunca cesan de fluir. Cuando la semilla santa deja el Santo de los Santos, es enviada por canales y fecundada antes de ser impulsada hacia abajo. En este palacio se hallan todos los goces, así los conocidos como los que sobrepasan la imaginación del hombre. Aquí tiene lugar la unión del mundo superior con el inferior, la unión del macho con la hembra.[2]

[2] *El Zohar*, *op. cit.*

Considerando su valor numérico, *atzilut* o emanación equivale a la columna vertebral o *jut ha-sidráh*, idea que vuelve a evocarnos el ya citado pasaje zohárico y la posición media—entre lo izquierdo y lo derecho—, del justo o iniciado.

Una extensión de ese Arca de la Alianza—es decir, de su «símbolo de transformación», que diría Jung—es el claustro con su división cuaternaria, su marginación de la vida superficial e insignificante, y el modo de ser de un santuario bajo cuyas losas late la cita bíblica de Jeremías 2, 13: «ya que es un doble crimen el que ha cometido mi pueblo: dejarme a mí, fuente de aguas vivas, para excavarse cisternas, cisternas agrietadas, incapaces de retener el agua», palabras que los monjes tendrían muy en cuenta a la hora de buscar el líquido divino. Así, al reparar en que son los hombres de *afuera* quienes pierden el contacto con ese agua restauradora, ellos se transforman en los de *dentro*, místicos y meditadores que, queriendo volver de la cisterna rota a la fuente viva, construyen entre los muros del claustro un sitio de recuperación psíquica a la vez que de regeneración somática. En la mayoría de ellos—diseñados en forma de cruz y en la intersección de cuyos brazos brota una fuente de la que, a su vez, suelen partir cuatro senderos, remedo de los ríos del Edén—, hombres y mujeres meditan y gozan aún hoy de la restauración anímica que tal ambiente suscita. La ascética y disciplinada vida claustral era, para san Bernardo—teórico del Císter—[3] una imagen y anticipación del Paraíso, por lo que llamó, a ese recinto *paradisus claustralis*. En él reverberaban, por lo menos en la memoria de los más sabios, los nombres de Pisón, Gihón, Hidekel y Éufrates, ríos míticos sobre los que, a su vez, navegan los nombres de los cuatro evangelistas: Mateo, Lucas, Marcos y Juan, y los cuatro orientes geográficos, conformando un *totum* o *mandala* cuyo centro podía decirse con justicia que era el centro del mundo.

Mientras que la catedral o el templo acogen a todos los fieles, al claustro van únicamente quienes están consagrados a la vida del espíritu, monjes o monjas. No lo habita y sólo se recorre a horas precisas, ya sea en pequeños grupos o individualmente. Su perímetro resuelve el clásico enigma de la cuadratura del círculo, *armonizando el diseño circular de las aberturas humanas con*

[3] Otto von Simson, *La catedral gótica*, trad. de Fernando Villaverde, Madrid, Alianza, 1980.

el cuadrado de su base carbónica. En cierto modo, a través de la plegaria o los rezos, los meditadores se unen a las generaciones del pasado y a las del porvenir, estableciendo puentes de silencio y nexos que se basan en lecturas bíblicas y salmodias antiguas, una de las cuales es el canto gregoriano. Hay claustros—el de Silos, en la provincia de Burgos, por ejemplo—, en cuyas columnas están representadas las imágenes y metáforas del salterio, como para que el religioso sepa en cada «estación» o lugar por el que pasa qué cantar o qué pensar. Bajorrelieves en los que figuran personajes de la Biblia junto a detalles de las vidas y obras de los santos animan esos arcos y esas ojivas en las que predominan los pámpanos y laberintos que aluden al retorno a sí mismo y a la introspección. Flores, pocas, pero sí setos de hoja perenne como el boj o el arrayán, y a veces un ciprés y una palmera—la muerte y la vida—a la misma distancia de la fuente central. Cuando el claustro es grande, y contiene tierra suficiente, también se siembran en él hierbas aromáticas que sirven como modelo de las virtudes que el meditador no debe cultivar. En la obra bizantina *El jardín simbólico*,[4]

[4] *El jardín simbólico*, trad. de Ramón Martínez y M.ª Án-

cuyo anónimo autor vivió a mediados del siglo XI —época de floración, también, de los monasterios occidentales—, se comparan las doce virtudes del alma cristiana con diferentes especies botánicas, como por ejemplo la rosa con la virginidad y la encarnación o el lirio con el pudor; el limonero con la pureza y el olivo con la misericordia. De ese modo el meditador no sólo recorre, en el geométrico claustro medieval, una arquitectura religiosa, sino que puede intuir en su perímetro interior el lazo secreto que liga la caléndula a la pobreza, la higuera a la dulzura; relacionando la vid con la alegría (la eucaristía), el granado con la valentía y la caridad con las violetas, etcétera. Incluso la zarza tenía, en ese organigrama ético-vegetal, un sitio: el que señalaba que el alma debía, antes o después, entregarse a la penitencia, al espinoso esfuerzo en los márgenes mismos del ser. Un siglo más tarde, en el XII, Herrada, abadesa de Santa Odilia, reitera en su *Hortus deliciarum*,[5] bajo el emblema de las flores más bellas todo cuanto puede hablar del Salva-

---

geles López, Palma de Mallorca, Olañeta, 1984.

[5] Herrada de Landsberg, *Hortus deliciarum*, Estrasburgo, Straub y Keller, 1899.

dor, su Madre y los Santos. Meditar en un claustro, por cierto, no debía ser, necesariamente, clamar en el desierto como los padres cristianos de la Tebaida: si había agua, y solía haberla, y en los parterres crecían hojas y frutos vivientes, cada detalle y cada esquina del *hortus conclusus* podían ser entonces epifánicos, reveladores.

Hombres y mujeres buscaban, en el claustro, un estado de serenidad mental que les permitiese flotar por encima del mero vivir cotidiano. El aislarse no representaba, para ellos una condena, sino una elección, un destino puntuado por el silencio y la belleza.[6] Por qué era más fácil vivir ese estado *dentro del monasterio que fuera, en el mundo*, es una respuesta que hay que buscar en otras tradiciones, alejadas de la nuestra por la geografía y el clima pero poseedoras de espacios, recintos y construcciones análogas. Pues hubo y hay aún monasterios taoístas, madrasas sufíes, conventos budistas en los que los jardines vallados, casi secretos, son espejos para corregir los hábitos del alma y tem-

[6] A. K. Coomaraswamy, *Teoría medieval de la belleza*, trad. de Esteve Serra Arrús, Palma de Mallorca, Olañeta, 1987.

plar el ánimo a base de reflexión y ejercicios respiratorios. Edificios que conservan, en su interior, en su núcleo, conjuntos de agua, piedra, madera y arena a través de cuya atenta observación podemos imaginar los más ajustados acordes de la serenidad. Mientras el mundo de afuera trabaja para mantener *la existencia*, el de adentro—abadía, escuela o claustro, en suma—, centra su atención en conferirle a esa existencia *la trascendencia* que ennoblezca el mero hecho de vivir. Rosario Assunto escribe:

El jardín es un espacio absolutamente *distinto* a los espacios que nuestra cotidianidad consume consumiéndose en ellos. No es una mera exterioridad, es, al contrario, y Rilke nos lo ha dicho de la mejor forma posible, un espacio en el que la interioridad se convierte en mundo, y donde el mundo se interioriza. Un *espacio* que el sentimiento y el pensamiento, objetivizándose en él, han individualizado como *lugar*, del mismo modo que ellos, subjetivizando el espacio e identificándose con él, se han hecho ellos mismos lugar.[7]

[7] Rosario Assunto, *Ontología y teleología del jardín*, trad. de Mar García Lozano, Madrid, Tecnos, 1991.

Lo que comenzó, en Bizancio y en los páramos y desiertos, con la práctica de la omfaloscopia o contemplación del propio ombligo para entrar por él al corazón cuyos latidos y ritmos desean consagrarse al Espíritu, y cuya hipóstasis más perfecta es, para el cristiano, la figura de su Maestro, acabó por reclamar, en Occidente, un espacio material contiguo a los templos, una construcción en la que se pudiese meditar y poner en práctica, con libertad y respeto, la *imitatio Christi in regno caelo*. El cuadrado habría de ser su base, su emblemática planta, y la fuente central su motivo más hondo. Pero tal vez la historia de esa fuente se remonte más allá de los terapeutas y los esenios con sus baños rituales y sus himnos solares, más allá de la geografía bíblica. Existe un curioso poema esotérico llamado las «laminillas de oro órficas» que describe un manantial cuya agua fresca conduce a quienes la ingieren al reino de los héroes. Dice así:

Cuando esté en trance de morirse
hacia la bien construida morada de Hades, hay a la
 diestra una fuente
y cerca de ella, erguido, un albo ciprés.
Allí, al bajar las ánimas de los muertos se refrescan.
¡A esa fuente no te allegues de cerca ni un poco!

Pero más adelante hallarás, de la laguna de Mnemósine
agua que fluye fresca. Y a su orilla hay unos guardianes.
Ellos te preguntarán, con sagaz discernimiento,
por qué investigas las tinieblas del Hades sombrío.
Di: «Hijo de Tierra soy y de Cielo estrellado;
de sed estoy seco y me muero. Dadme, pues, enseguida,
de beber agua fresca de la laguna de Mnemósine».[8]

¿La fuente del afuera y los cántaros rotos no forman parte, en cierto modo, del escenario del Hades? Considerando los aspectos infernales y desgarradores del mundo terrestre en el que vivimos, su ruda realidad ofrece pocas dudas acerca de por qué es tan difícil realizarse en lo externo, y ése es el motivo por el cual mujeres y hombres de todos los tiempos y latitudes han buscado—en parajes lejanos y montañas elevadas, bosques espesos o desiertos ardientes—abandonar sus lazos externos para enclaustrarse y me-

[8] Alberto Bernabé (ed. y trad.), *Hieros Logos. Poesía órfica sobre los dioses, el alma y el más allá*, Madrid, Akal, 2003.

ditar con el fin de hallar, bajo su sensible tórax, aquello a lo que alude el Salmo 36, 10: «En ti está la Fuente de Vida». Aquello que, inaudito y maravilloso, hizo exclamar al santo de Fontiveros, Juan de Yepes o Juan de la Cruz:

> ¡Oh cristalina fuente
> si en esos tus semblantes plateados
> formases de repente
> los ojos deseados
> que tengo en mis entrañas dibujados!

LOS DIVERSOS VERDES

Si nos preguntaran cuál es el color más abundante en la tierra muchos diríamos que el azul, pues los viajes al espacio exterior han condicionado nuestra percepción hasta tal punto que tendemos a ver nuestro planeta como una esfera envuelta en prodigiosos, glaucos, vibrantes océanos y mares. Aquí, sin embargo, a ras del horizonte y en nuestra casa terrestre, es el verde con sus diversos tonos y semitonos el color privilegiado que abruma nuestros sentidos al tiempo que estimula nuestros conos y bastones. Un «verde que te quiero verde» que, como viera con alegría García Lorca, nos habla de un reposo y de una querencia, de frescura y de sombra. En los anales de la historia culturas enteras han sido definidas por su devoción a un determinado color: los persas al añil o azul; los beduinos mostrando su predilección por el negro o el café oscuro; los hindúes por el azafrán y los hilos de oro de los saris; los romanos por el púrpura; los hebreos por el celeste cielo listado de blanco nube;

los griegos por el lino color hueso, tan semejante a sus amados mármoles, y los egipcios por los tonos transparentes, casi de espejismo en el desierto. En cuanto al verde, ha sido acaparado tanto en sus variantes de seda como de acuarela por los chinos, quienes lo llaman *qing* y dibujan su ideograma como un germen, un tallo que crece. Verde fue también el color oficial adoptado por la dinastía Ming, que reinó del siglo XIV al XVII y fue la mayor exportadora de cerámica de ese color en el mundo antiguo.

Constatar que los chinos emplearon el mismo nombre para hoja que para la cabeza humana, *ye*, y que por ello su concepción filosófica confirió a la naturaleza que crece y se desarrolla cierto grado de conciencia lúcida, de sensibilidad omnisciente, al mismo tiempo que concedía al pensamiento humano la posibilidad de fotosintetizar para su propio bien la luz del sol, nos lleva a elogiar una vez más los logros de esa cultura. Tampoco se les escapó a sus botánicos que, por diferente que fuera una hoja de las demás en forma y aspecto, todas tenían en común el verde de su vitalidad, razón por la cual la hoja pasó, simbólicamente, a representar la felicidad y la prosperidad en cualquier lugar de la parda corteza de la tierra en la que exhibiera sus nervaduras. Irresistible, la idea parece casi un ejercicio de taichí, pues sugiere que, para ser feliz, *basta con oscilar al ritmo del viento o dejarse acariciar por la brisa sin pensar demasiado en que nuestro único sostén es un mínimo y frágil tallo*. En lo que atañe a los griegos, su *klorós* o verde se refiere siempre a un tono pálido y nos remite a las plántulas recién nacidas, al corazón de las lechugas o a los brotes tiernos, pues entre los helenos el verde oscuro se confundía con el azul marino y excedía, por ello, la exactitud de una denominación fija. Para los latinos, en cambio, *viridis* es inseparable del concepto de *virtus* que alude al vigor, a la fuerza, al triunfo que encarnó, en su día, el siempre verde laurel (*Laurus nobilis*). Olímpicos y poetas aún nos lo recuerdan.

Es posible que los romanos hallaran esa creencia en Egipto y en concreto en la figura del Osiris resurrecto—representado con frecuencia por pequeños ladrillos huecos en los que elevaban su delgada aguja los coléptilos del trigo y cuyo nombre griego, jardines de Adonis, daba cuenta de un inmortal amor a la vida—y que vieran en el dios reconstruido por Isis la relación entre el verde y su espléndida victoria sobre el negro de la muerte, por cuanto gran parte de su alimentación invernal procedía de sus colonias en el valle del Nilo, de donde también importaban la turquesa y las verdes sales del cobre. Si nos fuera dado enumerar los diversos verdes—el limón, el veneciano, el manzana, el botella, el oliva, el pistacho, el huevo de perdiz, el de la menta, el jade, el oscuro y el translúcido, el amarillento y el azulado—deberíamos incluir también, y para ser fieles a su clasificación heráldica, sus referencias simbólicas, tan variadas y aun así convergentes. Ambivalente, apariencia del moho, el moco y el pus, el verde es sin embargo el color de la vida misma. Plinio, quien aseveraba que la esmeralda deleita la vista sin fatigarla porque cristaliza en sus facetas la misma serenidad de un bosque de altos helechos o fija en piedra lo que la corriente de agua mueve en juncos y algas fluviales, estaba afirmando sin saberlo una verdad óptica: la lente del ojo enfoca la luz verde casi exactamente sobre la retina, lo que significa que nuestro órgano de la vista se esfuerza menos para ver ese tono que para captar todos los demás.

Existe una línea de parentesco directo entre *La serpiente verde*, relato esotérico de Goethe, y las *Hojas de hierba* de Walt Whitman. En ambos casos, se alude en prosa y en verso a la fertilidad espontánea como la auténtica riqueza apetecible, explicitando que la vida simple y sencilla, en contacto con los elementos, es la mejor que podamos desear. Verde es así sinónimo de natural, de todo aquello que se desarrolla según pautas generosas y al aire libre. Sabido es que, en el sufismo, la maravillosa y misteriosa figura de Al Jadir o Khadir, el Verde, encarna una especie de ángel de la evolución psíquica del hombre y alude a aquel guía que aparece una y otra vez para enseñarnos a eliminar la grisura y el desánimo, la molicie y el estancamiento. El maestro sufí Najmuddin Kubra, que vivió en el siglo XIII, formuló una curiosa teoría de los colores místicos en la cual el verde aparece como signo de la vitalidad,[1] pues el latido de éste es semejante, según Kubra, al de la luz que pulsa en la hoja su transformación sutil, y cuando tarde o temprano el sujeto siente que su sangre es *paralela* a la savia vegetal y que la totalidad de su sistema circulatorio se despliega en su mente como una arborescen-

[1] Henry Corbin, *L'homme de lumière dans le soufisme iranien*, París, Présence, 1971. [Existe trad. en español: *El hombre de luz en el sufismo iranio*, trad. de María Tabuyo y Agustín López, Barcelona, Siruela, 2000].

cia extática, un bosque de luz lo abriga y protege, un bosque del que él, simplemente, es un átomo consciente y libre. Hoy diríamos, con los entendidos en colores, que esa experiencia espiritual tiene una base empírica orgánica, ya que *el cobre en la hoja equivale, por su función y metabolismo, al hierro en la sangre*. Ambos metales[2] son captadores de oxígeno, y con él de luz. Ese rasgo de metálica polaridad nos conduce a la observación del sufí Sohravardi respecto de la montaña cósmica del Caf—objetivo de todo discípulo o peregrino que busca la intersección del reino de los cielos en la tierra—como una resplandeciente, elevada esmeralda ante cuya presencia se apacigua el torrente sanguíneo y se disipan ansiedad y preocupación, por cuanto el vigor y la resistencia del caminante se miran en la mencionada montaña santa para captar en ella, como en un imán, el sentido metafísico de sus pasos. Plinio ya nos había hablado de las virtudes de esa piedra preciosa, pero no de los campos de gramíneas en flor que el poeta hebreo Yoram al-Kalam llamaba «el lecho de Dios en la tierra de los hombres».

[2] René-Lucien Rousseau, *El lenguaje de los colores*, trad. de Alberto Vázquez Prego, Buenos Aires, Lidiun, 1985.

Las gramíneas—plantas herbáceas monocotiledóneas que extienden sus diez mil especies por estepas, prados y praderas desde hace millones de años, y que con su descomposición y fermentos dan origen al humus que permite el crecimiento de todo lo demás, apoteosis del verde—son el tálamo ideal para amantes furtivos. Sus tallos cilíndricos, generalmente huecos excepto en los nudos, y sus flores dispuestas en espículas que se reúnen en espigas y llegan al fruto en forma de cariópside, inspiraron a los egipcios la figura del dios Ptah, espíritu creador activo por mediación de cuya inteligencia divina las cosas surgieron del vacío (el mencionado tallo de las gramíneas). Ptah, el alfarero divino, construía el mundo «envolviendo la nada con materia», del mismo modo que las hojas de los árboles y la vegetación baja ocultan a partir de la luz inmaterial que las engendra las mismas ramas que las sostienen. Entre muchos pueblos africanos existe la creencia de que el color verde *es un hijo que el sol le hace a la tierra*, creencia que se basa en la palabra *vástago*, empleada tanto en un contexto vegetal como humano.

En la tradición cristiana y durante la Edad Media las cruces se pintaban de verde porque aludían al Árbol de la Vida, el cual crecía en la Jerusalén celestial, ombligo y eje cósmico. Curiosamente, en la tradición hebrea, el verde, *iarok,* tiene el mismo valor numérico que todo aquello que existe a partir de la nada, *iesh*. Fue del vacío moral y la pobreza poética de su entorno que Jesús, partiendo del centro de una ciudad transfigurada por la luz, hizo crecer los frutos de una nueva comprensión de la realidad. Decimos centro por un motivo obvio: ése es el lugar que ocupa el verde en el espectro solar y en contigüidad con el amarillo hacia la región de lo cálido, y del azul hacia la región de lo frío. Aunque fascinante, la ya citada concepción cromática del sufí Kubra no es del todo original, por cuanto sabemos que el centro o *chakra* cardíaco, denominado en sánscrito *anahāta*, es descrito—por el tantrismo y muchos siglos antes—de color verde. Las semejanzas simbólicas que se observan entre las distintas tradiciones no hacen sino aludir a una remota fuente común.

Hildegarda de Bingen, quien solía meditar a la manera peripatética, es decir, caminando, veía en las hierbas de los prados de mayo y junio la fuerza del *Corpus Christi*, fiesta que, además de conmemorar la institución de la Eucaristía y precisamente por ello, debería recordarnos que cada «acción de gracias» es válida, también, para bendecir un paisaje: el que nos sostiene. En ese sentido el verde expresa benevolencia, gratitud.

El verde es también una fuente de inagotable relajación. Por esa causa lo visten los médicos—especialmente los cirujanos—, para compensar y complementar los rojos de los derrames de sangre. Si consideramos que el verde apareció en el mundo antes que el hombre, y que el ser humano lo percibe como soporte idóneo de las flores, resulta comprensible que en muchas ocasiones se lo haya llamado «padre de los colores» (entre los sufíes) o «madre de la vida» (entre los taoístas chinos, para quienes es sin duda un color femenino). De ese modo, Jadir o Khadir reaparecería en nuestros quirófanos para calmar nuestros dolores y aliviar nuestras enfermedades, venciendo a la ira del rojo y apaciguando la nostalgia que provoca la eterna lejanía del azul.

En el pensamiento antroposófico de Rudolf Steiner el verde representa la imagen muerta de la vida así como el encarnado simboliza la imagen viva del alma y el blanco alude a la imagen anímica del espíritu. Pero esa manera de considerar el reino vegetal está teñida, nos parece, de los aspectos negativos del verde: el tono de la hiel, del mal humor, de muchos venenos; o bien porque evoca la peligrosa clorosis, que es, en nosotros, signo de una anemia blanco verdosa. Lo cierto es que el verde, allí donde crece, es vida, y en las selvas vida lujuriosa. Es verdad que tanto la putrefacción de los cadáveres como el proceso que inicia el moho en la cadena desintegradora de lo orgánico confieren al verde un cierto prestigio de siniestro y triste, pero eso es así porque lo juzgamos desde una óptica humana y prejuiciosa. Los biólogos han ido aún más lejos en su descalificación taxonómica, ya que al denominar *luciferina* a la luz verde que enciende con intermitencias el vientre de las luciérnagas nos hacen pensar que se trata de una luz caída, inferior. De hecho, la luz fría emitida por las luciérnagas procede de la interacción de dos elementos químicos: la luciferina se oxidiza en presencia de la enzima luciferasa (ambos vocablos proceden, como se ve, de la raíz Lucifer, el portador de la luz, el ángel caído, bello y terrible), y a pesar de que dicha oxidación es una especie de combustión, no genera calor, lo cual condice bien con la cualidad de color frío atribuida al verde.

Puesto que existen hongos y hasta bacterias

bioluminiscentes que confieren al bosque nocturno una apariencia fantasmagórica, con su mera existencia verdosa parecen haber contribuido también a desprestigiar ciertos aspectos de ese color. En gran parte de la pintura occidental la mirada intensa de Satán posee un pérfido brillo verde, pero ese detalle debe más a la convención que a una realidad determinada. La mayoría de los fenómenos de mímesis que se dan entre los insectos adoptan el verde simplemente porque en las zonas de espesa vegetación abundan más las hojas que los troncos. Ese factor, el disimulo que deviene acecho y captura, más el hecho de que la mayor parte de los reptiles posean una tonalidad verdosa, han demonizado a lo largo de los siglos un color que, por otra parte, en muchas latitudes habla a la vez de ingenuidad y de esperanza. Verde es el estandarte del islam; verde, según Fulcanelli, el color mágico de la obra alquímica, aquél en el que se prueba la templanza y virtud del operador, el coraje del artífice. Verdes son muchos duendes benéficos o personajes del folclore como el ruso Iván, quien, vestido de hojas y ramas, anuncia a las gentes la llegada arrebatadora de la primavera. Todos ellos, empero, son verdes ascensionales, de revelación antes que de ocultamiento.

La Biblia llama a la hoja *aléh*, palabra que mediante una simple variación diacrítica se transforma en *oléh*, aquel que asciende. ¿No es acaso la hoja la que hace ascender al árbol? ¿No es el verde, me pregunto, aquel color que empuja el terrón oscuro para responder así al llamado superior de la luz? Hoy por hoy, quienes se dicen verdes en lo político o en lo filosófico responden a la voz de alarma de la tierra y se sienten, de algún modo, socorristas de su casa en peligro. Del Jadir musulmán, que ha inspirado a tantos maestros—desde Ibn Arabi a Rumi, desde Jayam a Gibran—, se dice que habita en la unión de los mares, metáfora esencial de todas los nexos y junturas, de todas las cicatrices y cauterios. Espíritu de la hoja, genio de la fotosíntesis, Khadir o Jadir aparece para hacernos conscientes de que *los tipos de hojas, sus diversos verdes, no deben ocultarnos en su multiplicidad la unidad de su función.* Como las hojas de los miles de árboles que crecen en la tierra, las razas y los pueblos pueden ser aciculares o lanceolados, elípticos u ovalados en sus creencias; pueden ser enteros en su perfil o bien serrados, trifoliados o palmeados, y eso no cambia la verdad esencial: están aquí, unos al lado de los otros, creciendo del mismo árbol humano *aunque todavía no lo sepan.*

En el reino viviente de la naturaleza pocos misterios son más apasionantes que el que encierra la clorofila. *La fotosíntesis es el único proceso biológico en el que la energía lumínica es convertida en energía química utilizable por los seres vivos.* Sobre su modelo se han construido la mayor parte de los sistemas iniciáticos, las vías de desarrollo personal, sólo que al revés: pues es el hombre quien, desde su ejemplar estructura bioquímica, en cuerpo y alma, debe emanar luz, debe y puede llegar a ser un Buda, un Iluminado o un Cristo, el Ungido con-el aceite-de-oliva, una criatura capaz de alumbrar primero para su propio esclarecimiento y luego para beneficio de los demás seres. Brusatin cuenta en su obra sobre los colores la siguiente fábula:

Cierto día un niño se topó con un hada y le preguntó si ella podía satisfacer todos sus deseos.

El hada le respondió:

—Sí, pero con una condición. Nunca deberás pensar en el color verde agua.

—¿Sólo eso?—dijo el niño, ya seguro de haber encontrado el camino hacia la felicidad.

—Basta con eso—aseguró el hada, y desapareció. Pero estaba sucediendo algo extraño. Por más esfuerzos que hiciera el niño, no lograba olvidar el color verde agua. Pasó el tiempo, y no sólo no se realizaban sus deseos, sino que la vida misma le resultaba imposible. Cuando ese niño llegó a adulto, parece haber dado vueltas por el mundo, desesperado, convencido de haber sido víctima de un encantamiento.[3]

Si por casualidad se hubiera topado en su penoso deambular por la tierra con una canción de Atahualpa Yupanqui que dice «el árbol que tú olvidaste todavía se acuerda de ti», quizá hubiese podido deshacer el sortilegio del hada, comprender la fábula en la que intervenía. Tal vez hubiese entendido, gracias a los versos animistas del poeta criollo, que la vida es larga para saberla y corta para vivirla y que, aun así, vale la pena entregarse a ella. Vale la pena extraer de sus diversos verdes—incluido el verde agua—la misma fuerza de la hoja que, ingrávida, lleva sobre sí el peso cardinal de la existencia y ni teme por su fragilidad ni se angustia por su eventual caída.

[3] Manlio Brusatin, *Historia de los colores*, trad. de Rosa Premat, Barcelona, Paidós, 1987.

ESTA REIMPRESIÓN, SEGUNDA, DE
«PEQUEÑOS PARAÍSOS», DE MARIO SATZ,
SE TERMINÓ DE IMPRIMIR EN
CAPELLADES EN EL MES
DE DICIEMBRE
DEL AÑO
2018

ESTA REIMPRESIÓN, SEGUNDA, DE
«PEQUEÑOS PARAÍSOS», DE MARIO SATZ,
SE TERMINÓ DE IMPRIMIR EN
CAPELLADES EN EL MES
DE DICIEMBRE
DEL AÑO
2018

Colección Cuadernos del Acantilado
Últimos títulos

72. PASCAL BRUCKNER *El vértigo de Babel. Cosmopolitismo o globalización*
73. JUAN ANTONIO MASOLIVER RÓDENAS *La inocencia lesionada*
74. LEV TOLSTÓI *Después del baile*
75. RAFAEL ARGULLOL *Tratado erótico-teológico. Un relato*
76. *Así era Lev Tolstói (I)*
77. ADAM ZAGAJEWSKI *Releer a Rilke* (2 ediciones)
78. EUGENIO TRÍAS *Thomas Mann*
79. RAMÓN ANDRÉS *Claudio Monteverdi. «Lamento della Ninfa»*
80. SHAFTESBURY *Carta sobre el entusiasmo & «Sensus communis». Ensayo sobre la libertad de ingenio y el humor*
81. MARIO SATZ *Pequeños paraísos. El espíritu de los jardines* (3 ediciones)
82. JOSEPH ROTH *Fresas*
83. *Así era Lev Tolstói (II)*
84. GIACOMO LEOPARDI *Recuerdos del primer amor*
85. STEFAN ZWEIG *Miedo* (6 ediciones)
86. NATALIA GINZBURG *Me casé por alegría*
87. ÉTIENNE BARILIER *El vértigo de la fuerza*
88. SIMON LEYS *La muerte de Napoleón*
89. GUIDO CERONETTI *Los pensamientos del té*
90. LEV TOLSTÓI *La historia de un caballo*
91. FRANZ KAFKA *«La condena» y «El fogonero»*